Jeremy Köppen
Story of your Life

Story of your Life

In nur 5 Schritten mit der eigenen Geschichte motivieren und überzeugen

Jeremy Köppen

Inhaltsverzeichnis

Einleitung

Mal Hand aufs Herz: An wie viele Geschichten aus deiner Kindheit oder Jugend kannst du dich noch erinnern? Egal, ob nun Märchen, Sagen, Fabeln oder Mythen – wir alle haben sicherlich einiges davon gehört oder selbst gelesen. Und die meisten Informationen aus diesen Geschichten sind auch im Gedächtnis geblieben. Damit wären wir auch schon beim Thema. Denn das Storytelling ist eigentlich nichts anderes als das Erzählen von Geschichten. Zwar findet sich dessen Ursprung eben in der Literatur, mittlerweile wird das Storytelling aber in vielen weiteren Bereichen wie PR, Werbung, Marketing oder im Business allgemein sehr erfolgreich eingesetzt.

Kurz gesagt, das Storytelling ist also eine Methode, um Informationen durch den Einsatz von Geschichten zu vermitteln. Geschickt ein- und vor allem auch umgesetzt, kann das Storytelling weitaus mehr erreichen als andere Strategien. Denn gute Geschichten fesseln und begeistern die Zuhörer. Sie werden geradezu emotional mitgerissen und so lassen sich durch das Storytelling eben auch wichtige Informationen vermitteln.

Man mag es kaum glauben, aber selbst die Gebrüder Grimm haben vor mehreren Jahrhunderten schon vom Storytelling Gebrauch gemacht. Die beiden Schriftsteller reisten durch die deutschen Lande und ließen sich Geschichten von anderen Menschen erzählen. Da die beiden Brüder jedoch wussten, dass es niemanden interessiert, ob nun eine alte Frau allein im Wald in einer Hütte lebt, schmückten sie die ganze Geschichte ein wenig aus. Aus der alten Frau wurde eine Hexe und die heruntergekommene Hütte wurde in ein Pfefferkuchenhaus verwandelt. Durch ihre Art des Geschichtenerzählens sind die Gebrüder Grimm bis heute bekannt und ihre Erzählungen werden immer noch gerne von Jung und Alt gelesen. Anhand der Gebrüder Grimm wird deutlich, dass gute Geschichten eben nicht nur unterhalten, sondern dass gewisse Informationen auch viel leichter im Gehirn gespeichert werden. Denn wir alle wissen, wie die Geschichte mit der Hexe im Lebkuchenhaus ausgegangen ist. Doch natürlich waren die Gebrüder Grimm nicht die ersten Menschen, die das Storytelling für sich entdeckt haben. Ethnologen gehen davon aus, dass diese Methode bereits vor mehr als 200.000 Jahren von unseren Vorfahren genutzt wurde. Schon die damaligen Neandertaler erzählten sich Geschichten am Lagerfeuer oder malten ihre Erzählungen an die Höhlenwände.

Geschichten gibt es demnach vielleicht schon seit Beginn der Menschheit. Und wirklich bemerkenswert ist die Tatsache, dass sich das Storytelling auf die unterschiedlichsten Bereiche anwenden lässt. Du kannst mit dieser Methode eben nicht nur Geschichten erzählen, die deine Zuhörer unterhalten, sondern es lassen sich auch Informationen und selbst langweilige Fakten so verpacken, dass sie beim Leser oder Zuhörer ein Aha-Erlebnis auslösen.

Denn jeder von uns hat schon die Erfahrung gemacht, dass die meisten Sachvorträge eher langweilig und trocken gestaltet sind. Denken wir nur mal an die Schulzeit zurück. Die Vorträge unserer Mitschüler waren in den meisten Fällen eher unspektakulär, sodass wir viele Informationen gar nicht richtig aufgenommen oder das meiste bereits kurze Zeit später wieder vergessen haben.

Durch den Einsatz der Storytelling-Methode lässt sich dies jedoch vermeiden. Mit einer guten Geschichte kannst du selbst die trockensten Informationen ansprechend verpacken, sodass diese auch bei deinen Zuhörern in Erinnerung bleiben. Der Erfolg des Storytellings wurde in der Vergangenheit durch zahlreiche große Unternehmen bzw. bekannte Produkte bestätigt. Nicht nur Firmen wie Apple und Amazon setzen auf das Storytelling. Auch innerhalb der Werbung lassen sich bei bekannten Produkten wie Coca-Cola, Nivea oder Red Bull immer wieder einprägsame Geschichten finden, die unterbewusst das Produkt präsentieren, in erster Linie jedoch die Kunden auf eine emotionale Weise ansprechen.

Und Emotionen spielen beim Storytelling eine wichtige Rolle. Dazu aber später noch mehr. Für den Moment soll es zunächst einmal genügen, dass mithilfe einer guten Geschichte und den damit verbundenen Emotionen eine höhere Identifikation mit der Marke, dem Produkt oder der allgemeinen Information geschaffen werden kann. Zeitgleich ist der Unterhaltungsfaktor sowohl für den Zuhörer bzw. Leser als auch für den Redner enorm hoch. Für dich bedeutet dies, dass du durch das Storytelling eben nicht nur deine rhetorischen Fähigkeiten verbessern kannst und somit neue Chancen bekommst, dass deine Inhalte beim Leser bzw. Zuhörer besser hängen bleiben. Du wirst auch eine ganz neue Freude am Reden und Präsentieren entdecken. Wenn du bisher vielleicht große Angst vor dem freien Sprechen vor Menschen gehabt hast, wird dir das Storytelling eine Möglichkeit aufzeigen, diese Angst zu überwinden. Denn du bombardierst deine Zuhörer nicht mit langweiligen Informationen, Zahlen oder Fakten, sondern entführst sie in eine Welt, in der sie unterbewusst alles Wissenswerte aufnehmen. Kurz gesagt: Wenn du Storys benutzt, wirst du schlichtweg erfolgreicher sein - ganz gleich, auf welchem Gebiet du tätig bist oder für welchen Bereich deines Lebens du das Storytelling auch verwenden willst.

So weit, so gut. Doch wie genau lässt sich das Storytelling nun genau umsetzen und was gibt es dabei zu beachten? Die Antworten auf diese und viele weitere Fragen findest du auf den kommenden Seiten dieses Buches. Mit lediglich fünf einfachen Schritten kreierst du deine eigene Geschichte und schaffst auf diese Weise die Grundlage, damit deine Informationen auch zu 100 Prozent beim Zuhörer bzw. Leser ankommen. Alles, was du auf den folgenden Seiten lesen wirst, kannst du direkt umsetzen. Und die praktischen Beispiele veranschaulichen dir noch einmal, wie mächtig das Storytelling sein kann. Also, bist du bereit, deine eigene Geschichte zu schreiben? Dann geht es jetzt los!

Kapitel 1

Emotionen sind der Schlüssel und die Basis einer guten Story

Und mit unserem ersten Schritt auf dem Weg zum erfolgreichen Storytelling wären wir auch schon wieder bei den Emotionen. Diese nehmen in jeder Geschichte einen wichtigen Stellenwert ein. Je emotionaler eine Geschichte ist, desto besser und vor allem auch länger bleiben die damit vermittelten Informationen oder Fakten in den Köpfen der Zuhörer oder Leser hängen. Eine gute Geschichte erzeugt in den Köpfen Bilder und Emotionen. Bloße Fakten hingegen werden deine Zuhörer oder Leser niemals auf diese Weise erreichen können. Vor diesem Hintergrund solltest du wissen, dass vor allem Verknüpfungen im Gehirn eine sehr wichtige Rolle spielen, wenn es um das Vermitteln von Informationen oder Fakten geht. Werden diese nur auf eine reine und weniger unterhaltsame Weise vermittelt, knüpfen sie nur in geringem Ausmaß an die entsprechenden Rezeptoren und Synapsen im Gehirn an. Durch das Integrieren in einer Geschichte schaffen wir zeitgleich jedoch Anknüpfungspunkte an die bereits vorhandenen Gedächtnisinhalte. Die Geschichte mit den integrierten Fakten und Informationen kann auf diese Weise viel leichter im Gehirn abgespeichert werden. Zusätzlich wird dabei auch noch jeder Lernprozess von entsprechenden Emotionen begleitet. Bei der Vermittlung von reinen Fakten oder Informationen werden die emotionalen Bereiche unseres Gehirns aber gar nicht angesprochen. Das ist jedoch nur ein Grund, weshalb die Emotionen innerhalb des Storytellings eine so wichtige Rolle spielen.

Mit dem Erzählen deiner Geschichte möchtest du also Emotionen beim Empfänger auslösen. Das setzt allerdings voraus, dass dieser sich auch mit einem Charakter deiner Geschichte identifizieren kann. Der Leser oder Zuhörer muss quasi durch die Augen des Charakters die Ereignisse der Geschichte erleben. Die Kunst liegt also darin, Emotionen aus zweiter Hand zu schaffen. Man spricht in diesem Fall auch von Stellvertreteremotionen. Welche Emotionen dein Publikum aber tatsächlich empfindet, hängt davon ab, welche Gefühle der Geschichtencharakter empfindet.

Das bedeutet also, sofern der Charakter in deiner Geschichte nichts empfindet, kann auch der Empfänger keinerlei Emotionen haben. Hierbei ist es sehr wichtig, einen guten Mittelweg zu finden. Denn oftmals wird beispielsweise Coolness mit Emotionslosigkeit verwechselt. So lassen sich in einigen Erzählungen oder Geschichten Actionhelden finden, die auf den Leser vollkommen emotionslos wirken. Das führt dazu, dass eben auch das Publikum emotional überhaupt nicht angesprochen wird. Auf der anderen Seite kann es sich jedoch als fatal erweisen, den Protagonisten der Erzählung in einem andauernden Zustand der emotionalen Überforderung zu halten. Auf diese Weise zögern die Charaktere in ihren Handlungen und so wird aus emotionaler Sicht auch dies für den Empfänger eher uninteressant. Ein sehr gutes Beispiel für eine solche emotionale Überforderung ist das Stück „Hamlet" von William Shakespeare. Sowohl zu wenige als aber auch zu viele Emotionen des Charakters deiner Geschichte dürfen allerdings nicht mit dem Spannungsaufbau einer Story verwechselt werden. Zwischen Spannung und Langeweile liegt ein breiter Graben, in dem du beim Kreieren deiner Story nicht landen solltest.

Es ist durchaus legitim für eine Geschichte, dass dem Publikum einige Informationen vorenthalten werden, während der Protagonist deiner Geschichte vollkommen im Bilde ist. Der Charakter deiner Erzählung kann also durchaus schon Informationen haben, die dem Leser oder Zuhörer zunächst einmal verborgen bleiben und vielleicht erst am Ende enthüllt werden. Du musst also im Rahmen deiner Geschichte nicht alles direkt preisgeben - sofern es dem Spannungsaufbau dient.

In diesem Zusammenhang ist auch die Nachvollziehbarkeit der Emotionen sehr wichtig. Stellen wir uns einmal vor, du schreibst eine Geschichte, in der der Protagonist von einer tiefen Trauer überfallen wird, weil er keinen Parkplatz findet. Dieses Szenario wird in den meisten Fällen nicht dafür sorgen, dass der Leser oder Zuhörer ebenfalls eine solche Trauer fühlt. Vielmehr werden die Empfänger die Stirn runzeln und sich fragen, was der Quatsch soll. Nachvollziehbare Emotionen müssen also her.

Das Kreieren von nachvollziehbaren Emotionen

Eine interne Veränderung schafft stets eine größere emotionale Befriedigung als eine externe. Nachvollziehbar wird dies durch die Stellvertreteremotionen. Dabei solltest du immer im Hinterkopf haben, dass Emotionen stets relativ sind. Eine vorhergehende Emotion gibt immer Aufschluss darüber, wie stark oder schwach wir eine Emotion wahrnehmen. So kann der Leser oder Zuhörer den Tod eines Charakters nicht betrauern, wenn er diesen vorher nicht lieben gelernt hat. Und wenn wir vorher von einem Erzfeind auch nicht genug gedemütigt wurden, können wir auch die Genugtuung beim Sieg nicht auskosten.

Emotionen lassen sich demnach also nicht auf Knopfdruck erzeugen. Vielmehr müssen die Leser oder Zuhörer Emotionen erleben, sofern sie von einem emotionalen Zustand in den nächsten gelangen. Demnach muss jede Emotion für sich selbst eine kleine Geschichte darstellen und jede Zustandsänderung muss erkämpft sein. Ansonsten wirst du bei deinem Publikum nicht die Emotionen erzeugen, die du dir gewünscht hast.

Vielleicht dazu ein kleines Beispiel: Kennst du den Film „Titanic" von James Cameron aus dem Jahr 1997? Dieser Film gilt als einer der emotionalsten. Dort haben wir zwei Charaktere, Rose und Jack. Diese beiden sind zu Beginn des Films auf der Suche nach Liebe, da sie sich einsam fühlen. Beide treffen sich und müssen als Konflikt der Geschichte zahlreiche Hindernisse überwinden, um sich verlieben zu können, da sie eine unterschiedliche Herkunft haben. Trotz des vermeintlichen Happy Ends ist die Geschichte an diesem Punkt aber nicht zu Ende. Denn nun kommt die Katastrophe: Die Titanic kollidiert mit einem Eisberg und das Schiff beginnt, zu sinken. Der Zuschauer wird in einen angespannten Zustand versetzt, während Jack und Rose erneut Hindernisse überwinden müssen, damit sie sich retten können. Am Ende des Filmes opfert sich Jack für seine große Liebe und erfriert in dem eisigen Meer, während Rose gerettet wird. Als kleines theatralisches Highlight versinkt die Titanic im Hintergrund im Eismeer.

Die Zuschauer bleiben mit der ultimativen Emotion des Verlustes zurück. Innerhalb dieser Geschichte lassen sich nicht nur zahlreiche Konflikte finden, sondern eben auch eine Achterbahnfahrt der Emotionen und Gefühle. Und genau das ist der Grund, weshalb dieser Film so erfolgreich war und es teilweise auch noch heute ist. Eine gute Geschichte schafft eine ultimative Verknüpfung zwischen den emotionalen und externen Veränderungen, während sich beide gleichzeitig bedingen. Um bei unserem Beispiel der Titanic zu bleiben, wurde in diesem Fall eine zum Scheitern verurteilte Liebe mit dem zum Sinken verurteilten Schiff verbunden.

Die Macht der Emotionen

Emotionen sind für deine Story also von elementarer Bedeutung, denn wir Menschen sind weitaus emotionaler als rational veranlagt. Außerdem werden Emotionen von allen Menschen auf der ganzen Welt verstanden. Wenn wir einer Person begegnen, die vielleicht nicht unsere Sprache versteht, erkennt diese Person jedoch, ob wir traurig oder glücklich sind. Zeitgleich haben Emotionen die Eigenschaft, ansteckend zu sein. Beginnt jemand in unserer unmittelbaren Umgebung, zu lachen, ist diese Emotion so ansteckend, dass auch wir selbst zumindest schmunzeln müssen.

Dabei solltest du jedoch beachten, dass deine Geschichte nicht für jeden Empfänger die gleiche Relevanz besitzt, und somit kannst du auch nicht bei jedem Zuhörer oder Leser die gleichen Emotionen auslösen. Dazu aber später noch ein wenig mehr.

Wichtig ist im ersten Schritt einmal, dass du Fakten mit Emotionen kombinierst. Auf diese Weise unterstützt du ganz beiläufig beim Empfänger die Fähigkeit, Entscheidungen zu treffen. Menschen brauchen Emotionen, um Entscheidungen treffen zu können. Durch das Fehlen von Emotionen werden Entscheidungen häufig schwieriger oder auch gar nicht getroffen. Mittlerweile konnte durch einige Untersuchungen herausgefunden werden, dass Entscheidungen auf rein rationaler Ebene eher selten getroffen werden. Wenn du deinem Publikum nur reine Fakten und Informationen präsentierst, werden sich daraus für sie keine Entscheidungen ableiten. Du kannst ein noch so tolles Produkt oder eine bahnbrechende Erfindung vorstellen - ohne Emotionen wirst du nichts verkaufen. Durch den Einsatz von Storys schaffst du die perfekte Überleitung von Fakten und Entscheidungen. Mithilfe von Fakten und kalten Informationen erklärst du dem Empfänger lediglich, was, wie und warum etwas passiert. Mithilfe von Storys sorgst du nicht nur für die benötigte Kausalität, sondern kreierst auch Ursachen-Wirkungs-Ketten. Und bitte denke jetzt nicht, dass du immer ewig lange Geschichten á la „Titanic“

verfassen musst. Selbst innerhalb von kurzen Erzählungen, Vergleichen oder Metaphern lassen sich Emotionen integrieren, die die Entscheidungen der Empfänger beeinflussen.

Emotionen allein sind vielleicht nicht ausschlaggebend für eine Geschichte, aber dennoch von relevanter Bedeutung. Sofern du innerhalb deiner Story keine Emotionen integrierst, wird das Publikum eben solche auch nicht empfinden. Dabei solltest du dir im Vorfeld darüber im Klaren sein, was deine Zuhörer oder Leser bei deiner Story im Idealfall empfinden sollen. Entsprechend dieser ersten Gedanken kannst du dann deine Geschichte aufbauen. Du weißt, welche Gefühle beim Zuhören oder Lesen erzeugt werden sollen, und kannst entsprechend den Protagonisten oder andere Charaktere deiner Geschichte handeln lassen. Achte jedoch stets darauf, dass die Emotionen für den Empfänger immer nachvollziehbar sind.

So, du weißt nun, dass deine Story ohne Emotionen nicht den gewünschten Erfolg bringen wird. Das bedeutet für dich, sich erst einmal Gedanken darüber zu machen, welche Emotionen du überhaupt mit deiner Geschichte erzeugen willst. Sollen die Zuhörer oder Leser am Ende traurig, glücklich, motiviert, euphorisch oder vielleicht eine Kombination aus allem sein?

Wenn du die Frage geklärt hast, geht es mit dem nächsten Schritt weiter. Bereit?

Kapitel 2

Eine gute Geschichte finden oder erfinden

Mit den Emotionen hast du nun schon mal die Basis für deine Story. Du weißt also, welche Gefühle du beim Empfänger auslösen möchtest. Jetzt geht es darum, diese Emotionen mit entsprechenden Fakten zu kombinieren. Und dazu benötigst du natürlich eine Geschichte.

Zugegeben, die passende Story zu finden oder auch zu erfinden, ist gar nicht so leicht. Aber dieser Aufwand wird sich lohnen. So konnte unter anderem in Experimenten an der Stanford-Universität herausgefunden werden, dass Storys mehr als 20-mal besser erinnert werden. Innerhalb dieser Studien hatten die Studenten eine Minute Zeit, um eine Idee vorzustellen. Die meisten der Probanden wählten dabei das Vorstellen der reinen Fakten. Nur wenige unter den Studenten entschieden sich für eine Geschichte. Und es ist jetzt sicherlich keine

Überraschung: Die Geschichten blieben eindeutig besser in Erinnerung. So wurden durch die Storys eben nicht nur die Emotionen angesprochen, sondern die Zuhörer konnten sich auch leichter in die Lage der Protagonisten hineinversetzen.

Aber nicht nur in puncto Erinnerung sind Storys von unschätzbarem Wert. Mithilfe einer guten Geschichte lassen sich Verkaufszahlen deutlich verbessern. Auch zu diesem Aspekt wurden an der Standford-Universität Experimente durchgeführt. Am Ende stellte sich heraus, dass gute Storys die Verkaufszahlen mehr als verdoppeln. Dabei ist wichtig, dass eben die nackten Fakten mit einer guten Geschichte kombiniert werden. Wenn dies geschieht und wir die Geschichte hören, schüttet unser Körper das Hormon Oxytocin aus, das uns wiederum emphatisch macht. Und je höher der Oxytocinwert im menschlichen Körper ist, umso bereitwilliger sind wir dann, Geld auszugeben oder zu investieren.

Gute Geschichten sind also ein Muss, um sich Vorteile zu verschaffen oder dem eigenen Erfolg ein wenig unter die Arme zu greifen. Doch woher gute Storys nehmen? Wie wäre es denn mit der eigenen Geschichte?

Deine Geschichte im Storytelling

Jeder Mensch hat seine ganz eigene Geschichte - auch du! Du musst also nicht großartig nach einer passenden Story suchen, sondern hast diese eigentlich schon parat. Und mithilfe des Storytellings kannst du DEINE Geschichte überzeugend erzählen. Das Bemerkenswerte an der ganzen Sache ist, dass du deine Geschichte immer wieder neu schreiben kannst. Du kannst dabei einen Blick in die Vergangenheit oder auch in die Zukunft werfen. Deine Geschichte kann sich aber auch mit deinem Ziel beschäftigen, das du verfolgst.

Betrachte deine eigene Lebensgeschichte als eine Konstruktion. In dieser können Glück, Erfolg, Abenteuer, aber auch Leistung, Wissen und vieles mehr vorkommen. Du bekommst durch das Storytelling die Macht, die Geschichte deines Lebens, deiner Beziehungen, Familie und Freundschaften zu beeinflussen. Aber auch die Geschichte deiner Firma oder deines Produktes kannst du auf diese Weise gestalten.

Mithilfe des Storytellings erschaffst du Lebensentwürfe, die dich inspirieren, ermutigen oder einfach nur glücklich machen können. Zeitgleich kannst du durch deine Geschichten aber auch andere Menschen inspirieren oder sie vielleicht sogar dazu bewegen, ein Teil deiner Geschichte zu werden. Nicht umsonst setzen vor allem im Business so viele Verkäufer, Politiker oder Projektmanager auf das Storytelling. Um deine Geschichte zu finden oder diese zu verfassen, solltest du zunächst einmal zum Kern der Geschichte vordringen. Klingt schwierig? Ist es aber eigentlich gar nicht. Du musst nur die richtige Frage stellen.

Warum - die vergessene Frage

Warum? Ein kleines Wort mit einer großen Bedeutung. Genau betrachtet fragen wir uns im Alltag viel zu selten, warum wir Dinge eigentlich tun.

Warum stehst du morgens auf?
Warum gehst du jeden Tag zur Arbeit, obwohl sie dir vielleicht nicht gefällt oder nicht die gewünschte Erfüllung verschafft?
Warum verläuft dein Leben so, wie es gerade ist?

Wenn du dich in der Vergangenheit vielleicht schon mal ein wenig mit dem Thema „Lebenssinn" beschäftigt hast, wird dir unter Umständen der goldene Kreis bekannt sein. Zurückzuführen ist dieser auf den Kulturanthropologen Simon Sinek. Dieser vertritt die These, dass die meisten von uns falsch denken und kommunizieren, weil sie die eigenen Motive nicht kennen. Nach Sinek können die meisten Menschen erklären, **was** sie tun und auch **wie** sie es tun. Die Frage nach dem **WARUM** bleibt jedoch unbeantwortet. Aber genau das WARUM ist der Schlüssel dafür, dem eigenen Handeln und somit auch dem Leben einen Sinn zu geben.

Vor allem Eltern werden es kennen, Kinder fragen ständig und mehrmals am Tag WARUM. Aus philosophischer Sicht ist das WARUM zudem auch das Zentrum aller Sinnfragen. Und auch nach Simon Sinek sollten wir uns viel öfters fragen, warum wir gewisse Dinge tun oder auch nicht tun. Seiner Meinung nach müssten wir uns eine komplett neue Sichtweise aneignen.

Wir beginnen in den meisten Fällen damit, die Frage nach dem Was zu beantworten. Im Anschluss daran folgt das Wie. Und wenn überhaupt kommt das Warum zum Schluss. Wir kommunizieren in Bezug auf den goldenen Kreis also von außen nach innen. Nach Sinek sollte die Reihenfolge aber so aussehen:

WARUM?
WIE?
WAS?

Das **Warum** bildet dabei die Mitte des Kreises – das Epizentrum.

Warum = Visionen, Werte, Motivation

Der nächste Teil des Kreises besteht aus dem **Wie**.

Wie = Art der Umsetzung / Prozess

Und den äußeren Rand des Kreises bildet das **Was**.

Was = Fakten, Ergebnis, Produkt.

Warum machen wir, was wir machen? Das wäre die ultimative Frage in Bezug auf den goldenen Kreis. Durch das WARUM werden wir uns unserer Triebfelder bewusst. Diese sind der Grund dafür, warum wir morgens aufstehen oder zur Arbeit gehen. Und die Triebfelder sind es wiederum auch, die es uns ermöglichen, dass wir andere Menschen vielleicht von unserer Idee oder Vision überzeugen können.

Das Warum ist viel emotionaler als alle anderen Fragen. Mit dem Was oder Wie können sich andere nicht identifizieren – es ist austauschbar und emotionslos. In diesem Zusammenhang führt Sinek auch gerne den Smartphone-Erfinder Apple als Beispiel an. Apple hat bereits sehr früh damit begonnen, von innen nach außen zu kommunizieren. Innerhalb dieser Kommunikation wurde den Menschen das Warum erklärt:

- Warum das neuste Smartphone das Leben smarter machen kann.
- Warum ein Telefon mehr als nur telefonieren kann.

Durch diese Art der Kommunikation konnte die Begeisterung von den Apple-Produkten in Millionen Menschen geweckt werden.

Wer mit dem WARUM beginnt, schafft es zudem auch, andere Menschen zu inspirieren. Die eigenen Visionen werden auf diese Weise besser verpackt und sind so für andere Menschen transparenter und auch nachvollziehbarer. Aber auch für einen selbst werden die eigenen Werte und Visionen greifbarer und realer, wenn mit dem kleinen Wort WARUM begonnen wird. Es führt dazu, dass wir uns nicht mehr von unbewussten Motiven oder Wertvorstellungen leiten lassen, sondern wir rufen uns diese in unser Bewusstsein. Unsere Ziele verfolgen wir so besser und vor allem auch langfristiger. So erkennen wir unsere innersten Wünsche und Vorstellungen - und alles, was wir tun, wird gespickt mit Motivation und Leidenschaft.

Funktionsweisen von Geschichten

Nach der Frage nach dem WARUM geht es nun einmal darum, sich die Funktionsweisen von Geschichten ein wenig genauer zu betrachten. Wenn du eine Geschichte schreiben willst, solltest du auch wissen, wie diese optimal aufgebaut sein sollte. Innerhalb des Storytellings wird dazu immer die gleiche Methode verwendet.

Wir haben zunächst einmal einen **Protagonisten** oder auch Helden. Dieser muss sich in einem **Konflikt** beweisen und dann wartet in den meisten Fällen am Ende der Geschichte der **Sieg** auf ihn oder sie. Natürlich kann eine Geschichte hin und wieder auch mehrere Protagonisten haben –siehe unser Beispiel der Gebrüder Grimm und der Hexe. In der Geschichte lassen sich als Protagonisten Hänsel und Gretel finden.

Neben den Kernpunkten (Protagonist, Konflikt und Sieg) sollte sich im Kern einer jeden Geschichte auch die **Wandlung bzw. Weiterentwicklung** des Protagonisten oder seiner Umwelt finden. Aus dem ängstlichen Geschwisterpaar, das von den Eltern allein im Wald zurückgelassen wurde, entwickelten sich in der Geschichte der Gebrüder Grimm zwei Kinder, die am Ende die Hexe getötet haben.

Oftmals haben Geschichten auch einen Bezug zur Realität, denn wie in dieser muss der Protagonist zunächst einmal seine Komfortzone verlassen und sich auf das Unbekannte einlassen. Die beiden Geschwister aus der Geschichte hätten sich natürlich auch etwas Schöneres vorstellen können, als von den eigenen Eltern im dunklen Wald zurückgelassen zu werden. Wäre dies aber nicht passiert, hätten sie sich auch nicht weiterentwickeln und am Ende ihren Sieg über die Hexe erzielen können. Sofern der Protagonist deiner Geschichte für den Empfänger als glaubwürdig erscheint und einen nachvollziehbaren Konflikt in sich trägt, werden sich deine Leser bzw. Zuhörer auch besser mit diesem Charakter identifizieren können. Denn jeder von uns hat seine Macken und oftmals sind wir uns dessen gar nicht so bewusst. Aus Angst davor, unsere eigene Komfortzone zu verlassen, scheuen wir uns vor Veränderungen - das ist vollkommen menschlich und auch normal. Die Empfänger müssen sich also mit deinem Protagonisten identifizieren und im Idealfall auch durch dessen Augen das Kommende erleben können. Diese Verbindung zwischen deinem Protagonisten, dessen Welt und dem Zuhörer bzw. Leser zu schaffen, ist sicherlich der schwierigste Teil an der ganzen Sache. Unter Umständen kann es dir aber helfen, wenn du dich vielleicht selbst in die Lage der Empfänger versetzt. Was würden diese erwarten? Und vor allem, welche Emotionen sollten angesprochen werden, damit die Empfänger von deinem Protagonisten in den Bann gezogen werden?

Ist die Verbindung dann jedoch erst einmal geschaffen, hast du die gesamte Aufmerksamkeit deines Publikums. Doch bevor du dich jetzt in Sicherheit wiegst - auch diese Aufmerksamkeit muss gehalten werden. Denn schließlich sollen die Zuhörer oder Leser auch am Ende noch die eigentliche Message deiner Geschichte mitbekommen. Und eigentlich ist es auch gar nicht schwer, die Aufmerksamkeit der Empfänger zu behalten. Dein Protagonist sollte im Laufe der Geschichte auf verschiedene, aber dennoch glaubwürdige Hindernisse treffen, die seinem Glück am Ende der Geschichte im Weg stehen. Bei den Hindernissen spielt es keine Rolle, ob dein Protagonist an einem mangelnden Selbstwertgefühl leidet und dieses ihm die Steine in den Weg legt oder ob es andere Faktoren sind - wie in der Geschichte der Gebrüder Grimm die Hexe. Dein Publikum muss nur von den Rahmenbedingungen, sprich Protagonist und Umwelt, überzeugt sein. Wenn du das schaffst, werden auch die Konflikte innerhalb der Story als glaubwürdig erachtet.

Innerhalb deiner Geschichte kann der Protagonist beispielsweise Freunde treffen, die ihm bei seinem Unterfangen helfen. Aber auch Feinde, die ihm alles erschweren oder Prüfungen auferlegen, können integriert werden. Mit dem Hindernis, das der Protagonist bewältigen muss, wächst nicht nur sein Wille, sondern auch seine Fähigkeiten und der eigene Charakter verändern sich zum Positiven. Und am Ende der Geschichte wartet dann die Belohnung auf den Protagonisten. Das muss nicht zwingend ein bestimmter Gegenstand oder ein Gefühlszustand wie Glück oder Liebe sein. Manchmal ist es auch eine verbesserte Selbsterkenntnis, die die beschwerliche Reise nötig machte.

Die Essenz einer guten Geschichte

Das Storytelling wird heute vielseitig vor allem im Business eingesetzt. Aber nicht überall, wo Storytelling draufsteht, ist dieses auch wirklich enthalten. Vor allem viele Unternehmen begehen einen gravierenden Fehler. So wird das eigene Produkt oder Unternehmen zum Protagonisten der Geschichte. Im Mittelpunkt einer Story sollte aber niemals ein Produkt stehen, sondern immer ein Held oder Protagonist. Wenn du ein Produkt oder Unternehmen als Protagonisten für deine Story nutzt, kommt das Publikum viel zu kurz. Es kann sich nicht identifizieren und somit verlieren die Leser bzw. Zuhörer auch das Interesse. Gute Geschichten müssen Ecken und Kanten haben - aber vor allem müssen sie authentisch sein. Scheue dich niemals davor, einen Konflikt in deine Story einzubauen. Diesen Fehler begehen leider viel zu viele Unternehmen. Du benötigst die Schilderung von Problemen in deiner Geschichte, denn auf diese Weise erzeugst du Spannung und hältst die Aufmerksamkeit deines Publikums hoch. Stellen wir uns einmal folgende Geschichte vor:

Heinz ist ein Entwickler. Über Nacht kommt ihm eine grandiose Idee. Er verliert nur wenig Zeit und setzt seine Idee auch in die Tat um. Am Ende hält er ein tolles Produkt in seinen Händen.

Diese Geschichte ist mehr als langweilig und wird entsprechend auch nicht lange in den Köpfen der Zuhörer bzw. Leser hängen bleiben. Effektiver und vor allem im Sinne des Storytellings wäre es jedoch, wenn auf die Probleme während der Entwicklung eingegangen worden wäre. Auch die Startschwierigkeiten bei der Markteinführung könnten thematisiert werden. Behalte immer im Hinterkopf, dass sich das Publikum mit dem Protagonisten und der Handlung identifizieren möchte. Und bei den meisten Menschen läuft eben nicht alles ohne Probleme oder Schwierigkeiten ab. Die meisten Empfänger werden sich also mit Heinz nicht identifizieren können.

Mithilfe von Konflikten und Problemen kannst du deine Leistungen oder die Leistungen eines Unternehmens bzw. Produktes viel besser hervorheben. Verzichtest du auf Konflikte, wird deine Geschichte für das Publikum langweilig.

Du musst mit deiner Story die Empfänger emotional packen. Nur dann bleiben deine Geschichten in Erinnerung und bewirken im Idealfall auch eine Veränderung. Dazu ist aber nicht nur die Identifikation mit dem Protagonisten, sondern auch die Spiegelung der Gefühle notwendig. Der Leser oder Zuhörer kann am Ende nur das gleiche Glücksgefühl des Protagonisten erleben, wenn er sich mit dem vorausgegangenen Konflikt auch identifizieren konnte.

Bei der Geschichte von Heinz gab es keinen Konflikt und so konnte sich das Publikum auch nicht mit irgendetwas identifizieren. Für deine Geschichte benötigst du also zunächst einmal einen Protagonisten, der seine Komfortzone verlässt und sich daraufhin verschiedenen Prüfungen unterzieht. Auf seinem Weg sollten ihm sowohl Freunde als auch Feinde begegnen, damit er am Ende gestärkt zurückkehren kann. Deine Geschichte braucht demnach einen menschlichen Helden. Ein Produkt oder Unternehmen kann kein Held sein.

Wir Menschen identifizieren uns nun einmal nur mit anderen Menschen, die zudem menschliche Konflikte reflektieren und in einer Beziehung zu ihrer Umwelt stehen. Dabei spielt es keine Rolle, ob dein Protagonist nun in Konfliktsituationen gerät, mit anderen Charakteren interagieren oder innere Konflikte lösen muss. Deine Story sollte also nicht nur einen Unterhaltungsfaktor haben, sondern dem Publikum auch Antworten auf Fragen des täglichen Lebens bieten.

Die Relevanz der Geschichten

Storys haben für jeden Menschen eine ganz unterschiedliche Relevanz. So werden einige Empfänger von einer Geschichte mehr angesprochen als andere, die mitunter sogar die Story langweilig finden. Du wirst niemals eine Geschichte kreieren können, mit der du alle Menschen gleichzeitig ansprichst oder bewegst – das schaffen nicht einmal die besten Autoren auf diesem Planeten. Wann eine Story für einen Menschen relevant ist, hängt von unterschiedlichen Faktoren ab. Beim Kreieren deiner Geschichte gibt es jedoch einige Fragen, die du vielleicht im Hinterkopf behalten solltest. Denn die Antworten auf diese Fragen haben einen Einfluss darauf, wie wir Menschen Informationen im Hinblick auf die Relevanz bewerten.

Frage eins: Habe ich von dieser Information einen Nutzen?
Frage zwei: Was hat das mit mir zu tun?
Frage drei: Ist das eine neue Information?

Mithilfe der Beantwortung dieser Fragen stufen wir also für uns selbst die Relevanz der Information und somit auch der Geschichte ein. Wenn dein Publikum selbst keinen Nutzen von deinen Informationen hat, wird die Aufmerksamkeit sehr schnell abnehmen. Frage zwei bezieht sich vor allem auf die Identifizierung. Sofern sich der Leser bzw. Zuhörer nicht selbst in deinen Informationen wiederfindet, besteht kein weiteres Interesse, weiterzulesen oder zuzuhören. Und auch die Aktualität solltest du berücksichtigen. Alte Geschichten von gestern möchte niemand hören. Schließlich leben wir in einem Zeitalter, in dem dank Internet und Co. zahlreiche aktuelle Informationen jederzeit abgerufen werden können.

Zugegeben, es ist vielleicht nicht ganz so einfach, aus dem Stand heraus eine Geschichte zu finden oder diese zu erfinden. Manchmal lohnt es sich jedoch, einen Blick auf die eigene Lebensgeschichte zu werfen. Denn bekannterweise schreibt das Leben die besten Geschichten. In deinem Leben wird es einige Ereignisse gegeben haben, die es wert sind, als Geschichte festgehalten zu werden. Und in diesem Zusammenhang musst du nicht einmal lange nach einem passenden Protagonisten suchen. Denn der Held deiner Geschichte bist allein du. Die Schwierigkeiten und Hürden, die du in deinem Leben bereits meistern musstest, sind der passende Konflikt. Und selbst, wenn du bisher noch kein Happy End gefunden hast, kannst du durch das Storytelling einen Blick in die Zukunft wagen und für dein Publikum bildhaft beschreiben, wie dein glorreiches Ende aussehen wird. Du hast die Macht, deine Geschichte so zu schreiben, wie du sie dir vorstellst.

Kapitel 3

Den Plot der Story aufbauen

Fassen wir noch einmal kurz zusammen, bevor wir uns dem nächsten Schritt widmen. Wir wissen bisher, dass eine gute Geschichte nicht ohne Emotionen auskommt. Diese sollten in die Handlung integriert sein, sodass das Publikum sie auch nachvollziehen kann. Wenn wir wissen, welche emotionale Ebene wir bei den Zuhörern bzw. Lesern erreichen wollen, können wir uns Gedanken um eine geeignete Geschichte machen. Dabei können wir auf die Ereignisse aus unserem eigenen Leben zurückgreifen oder auch unserer Fantasie freien Lauf lassen. Du hast beispielsweise ein Produkt oder eine Erfindung, die du mithilfe des Storytellings einem breitem Publikum vorstellen möchtest. Hervorragend! Achte bei der ersten Idee für deine Geschichte jedoch darauf, dass eben nicht das Produkt oder die Erfindung den Protagonisten der Handlung darstellen darf. Denn wie du lesen konntest, können Dinge keine Emotionen transportieren. Es muss also ein Held oder eine Heldin her, die mit deinem Produkt oder deiner Erfindung in Verbindung steht bzw. diese(s) am Ende als Belohnung oder Sieg erhält.

Sofern du deine passende Geschichte, die du erzählen möchtest, gefunden hast, geht es an den Plot. Das englische Wort bedeutet eigentlich nichts anderes als Handlungsverlauf.

Nun gibt es auch einige Autoren, die ganz ohne einen Plot beginnen, ihre Storys zu verfassen. Das kann man machen, ist aber ein wenig kompliziert und vor allem läufst du in diesem Fall Gefahr, nicht alle relevanten Punkte zu berücksichtigen. Für eine gute Geschichte, die das Publikum auch überzeugt, solltest du dir schon die Arbeit machen und einen Plot erstellen. Dieser dient dir im weiteren Verlauf des Verfassens deiner Geschichte als solide Grundlage. Denn innerhalb des Plots schreibst du alles auf, was für deine Story wichtig ist, und kannst darauf entsprechend auch immer wieder zurückgreifen.

Wie du deinen Plot verfasst, bleibt in erster Linie dir überlassen und hat natürlich auch etwas damit zu tun, wie du am besten arbeiten kannst. Manche Autoren nehmen lediglich ein Blatt Papier und einen Stift und notieren sich alles, was für den Handlungsverlauf von entscheidender Bedeutung ist. Andere wiederum arbeiten akribisch jedes Kapitel durch, bestimmen die einzelnen Personen, die in der Geschichte vorkommen, und beschreiben deren Eigenschaften. Und dann gibt es auch noch die Möglichkeit, mithilfe von speziellen Programmen einen Plot zu erstellen. Zudem ist es vollkommen irrelevant, ob du innerhalb deines Plots bereits ganze Sätze schreibst oder lediglich mit Stichpunkten arbeitest. Auch in diesem Fall ist wieder entscheidend, wie du besser arbeiten bzw. schreiben kannst.

Du siehst, die Auswahl ist riesig. Für welche Variante, du dich am Ende entscheidest, hängt von der Arbeitsweise ab, mit der du dich am besten anfreunden kannst.

Verschiedene Basic-Plot-Arten

Und auch im Bereich der Plots lassen sich verschiedene Arten finden. Laut dem britischen Journalisten Christopher Booker werden sieben verschiedene Erzählmuster unterschieden, die jeder Autor bzw. Storyteller kennen sollte. Demnach sind alle Geschichten, die wir hören oder selbst erzählen, lediglich Variationen dieser Plots. Dabei beruhen alle Storys auf Schemata, die in unseren Gehirnen gespeichert sind. Die Basic-Plots untergliedern sich in:

- Das Monster überwinden
- Vom Tellerwäscher zum Millionär
- Die Suche

- Reise und Rückkehr
- Komödie
- Tragödie
- Comeback

Schauen wir uns die einzelnen Plots mal ein wenig genauer an. Und dabei wird dir sicherlich das ein oder andere sehr bekannt vorkommen.

Das Monster überwinden

Ob nun bei vielen Geschichten der Gebrüder Grimm oder in Frankenstein und King Kong – in all diesen Storys findet sich das gleiche Schema: Die vertraute Welt wird von etwas oder jemandem bedroht bzw. tyrannisiert. Der Protagonist wiederum hat die Aufgabe, alles wieder ins Lot zu bringen. Und um dies zu bewerkstelligen, muss das Monster bzw. der Angreifer vernichtet werden. Die Handlung bei diesem Plot weist fünf elementare Schritte auf:

1. Berufung des Helden
2. der erste Erfolg und die daraus resultierende Frustration
3. der Alptraum
4. die wundersame Flucht
5. der Tod des Monsters

Vor allem im Storytelling, das dann für das eigene Unternehmen, Produkt oder die Marke genutzt werden soll, bietet sich diese Plot-Art unter anderem an. Du kannst die Welt mit deinem Unternehmen, Produkt oder deiner Marke besser machen, indem du dich dem Bösen stellst.

Vom Tellerwäscher zum Millionär

Diese Art von Plot lässt sich insbesondere bei Märchen finden. Denken wir nur mal an Aschenputtel bzw. Cinderella. Das arme Mädchen musste in der Asche schlafen und hat sich am Ende doch noch den Prinzen geangelt und wurde zur Königin gekrönt. Innerhalb des Plots kann aus einem ganz normalen Menschen eine herausragende Persönlichkeit werden. Dazu werden wieder fünf Schritte benötigt:

1. der Protagonist befindet sich in einem unglücklichen Zustand
2. der Protagonist vernimmt den Ruf des Schicksals
3. der Protagonist kommt in eine andere Welt und hat die ersten Erfolge - dann folgt die Krise und alles läuft schief
4. der Protagonist wächst an den Aufgaben und über sich hinaus, um eine letzte Prüfung zu bestehen
5. glückliche(s) Vereinigung bzw. Ende

Auch mit diesem Plot kann die eigene (Unternehmens-) Geschichte erzählt werden, denn Menschen lieben Storys von Menschen, die es von ganz unten nach oben geschafft haben.

Die Suche

Ein klassisches Beispiel für diesen Basic-Plot ist „Herr der Ringe". Der Hobbit Frodo ist auf der Suche nach dem Ring und muss dazu weitentfernte Ziele bereisen, um diesen schlussendlich in das Feuer zu werfen, aus dem er geschmiedet wurde. Die fünf Schritte innerhalb dieses Plots gliedern sich wie folgt:

1. der Ruf des Helden
2. die Heldenreise, auf der der Protagonist Verbündete findet
3. Ankunft am Ziel und Frustration
4. der Protagonist muss zahlreiche Prüfungen bestehen - die letzte ist die Schwerste
5. der Held erreicht sein Ziel

Auch nach diesem Schema lassen sich Unternehmensgeschichten erzählen. Was gesucht werden muss, steht meist schon fest, aber der Weg gestaltet sich in den meisten Fällen sehr schwierig und mitunter auch abenteuerlich. Am Ende ist der Erfolg des eigenen Unternehmens die schönste Belohnung.

Reise und Rückkehr

Ein sehr gutes Beispiel für diesen Plot bietet das Buch von Lewis Carroll „Alice im Wunderland". Die kleine Alice verlässt ihre gewohnte Welt, um in eine vollkommen fremde einzutauchen. Nur durch das Bestehen verschiedener Prüfungen und Abenteuer schafft es das kleine Mädchen wieder zurück nach Hause. Und so sehen die Schritte des Plots aus:

1. der Protagonist gelangt auf mysteriöse Weise in eine fremde Welt
2. es wird eine neue und spannende Umgebung entdeckt
3. Phase der Frustration
4. Alptraumphase
5. der Protagonist kehrt in seine Welt wieder zurück

Komödie

Anders als bei den anderen Basic-Plots lassen sich bei der Komödie lediglich drei Schritte finden:

1. kleine Welt, über die sich ein Schatten aus Frustration, Unsicherheit oder Verwirrung legt
2. die Verwirrung nimmt weiter zu
3. alles wird wieder klar und der Schatten verschwindet

Innerhalb dieses Plots durchläuft der Protagonist keine Transformation und muss sich auch nicht einem Monster oder einem anderen präzisen Gegner stellen. Vielmehr kommt es in diesem Fall zu einer humorvollen Verwandlung des Bösen zum Guten und so sind am Ende auch alle wieder glücklich.

Tragödie

Innerhalb der Tragödie läuft alles ein wenig anders, so, wie beispielsweise in „Faust“ von Goethe. Der Protagonist erreicht nicht sein angestrebtes Ziel, sondern scheitert und stirbt meistens auch noch. Grund dafür ist oftmals der dunkle und verbotene Weg, auf den er sich eingelassen hat. Und obwohl es teilweise innerhalb der Tragödie so aussieht, als würde der Protagonist alles bekommen, was er sich gewünscht hat, sieht das Ende meist jedoch ganz anders aus. Bei diesem Plot lassen sich wieder fünf Schritte finden, die sich wie folgt gliedern:

1. der Protagonist ist unzufrieden
2. er findet seinen Weg und alles wird gut
3. Frustration kommt auf und alles läuft schief
4. der Protagonist ist durch die zugespitzte Situation verzweifelt und alles gerät außer Kontrolle
5. der Protagonist stirbt durch die Mächte/Kräfte, die er heraufbeschworen hat

Innerhalb der Unternehmensgeschichte werden Tragödien oftmals gerne verschwiegen. Dies könnte jedoch ein großer Fehler sein, denn ohne ein Scheitern kann sich meist auch kein Erfolg einstellen. Entsprechend wäre es eine Überlegung wert, die eigene (Unternehmens-) Geschichte in Form einer Tragödie zu erzählen.

Comeback

Für das Schema dieses Plots kehrt ein totgeglaubter oder vermeintlich geschlagener Protagonist vollkommen gestärkt und zuversichtlich am Ende der fünf Schritte zurück:

1. der Protagonist wird schikaniert
2. er flieht und verbleibt für eine gewisse Zeit in seinem Versteck
3. durch einen fiesen Hinterhalt wird der Protagonist in die Knie gezwungen oder ist dem Tode nahe
4. es hat den Anschein, als hätte die böse Macht gewonnen und den Protagonisten besiegt
5. dann kehrt der Protagonist aber vollkommen unerwartet zurück

Das Comeback bietet sich nicht nur für die eigene Unternehmensgeschichte, sondern auch zur Vorstellung von Marken und Produkten an.

Das Grundgerüst eines Plots

So verschieden die Möglichkeiten bei der Erstellung eines Plots sind, so unterschiedlich kann der Plot an sich auch bei jedem Storyteller aussehen. Innerhalb der vorgestellten Plot-Arten konntest du sehen, dass jeder Plot an sich verschiedene Schritte besitzt. Zu Beginn des Storytellings bietet sich jedoch eine einfachere Variante an. In dieser sollten folgende Merkmale berücksichtigt werden:

- ein oder mehrere Protagonisten
- ein Problem oder Ereignis
- die Lösung bzw. das Umgehen des Problems/Ereignis oder das Scheitern an diesem

Diese drei Merkmale bilden somit das Grundgerüst eines Plots. Versuche, die einzelnen Punkte so ausführlich und vor allem auch so detailliert wie möglich zu beschreiben, damit dir im nächsten Schritt das Verfassen deiner Geschichte leichter fällt.

Deinen Protagonisten kannst du sowohl äußerlich als auch innerlich - dessen Gefühlswelt - ausgiebig beschreiben. Das Publikum muss ein Bild vor den Augen haben, wenn es etwas über den Protagonisten liest bzw. hört. Es reicht demnach nicht aus, beispielsweise zu schreiben:

„Marc ist ein Mann in den 30ern mit einer muskellösen Figur, der schon lange darüber nachdenkt, sich seinen Traum von einem eigenen Fitnessstudio zu erfüllen."

Marc wird in diesem Fall bei den Empfängern keine Emotion hervorrufen, da sie gar kein deutliches Bild von ihm vor Augen haben. Es sind manchmal wirklich ganz kleine Details, die einen erheblichen Unterschied machen.

Besser wäre zum Beispiel:

„Mit seinen 35 Jahren hat Marc den Körper eines jungen Adonis. Sein durchtrainierter Körper in Kombination mit seinen blauen Augen und den blonden Haaren machen ihn zu einem echten Frauenschwarm. Doch Marc ist weit entfernt davon, sich selbst als Frauenmagnet zu bezeichnen. Vielmehr plagt ihm tief im Inneren eine große Unsicherheit. Er ist unsicher dahingehend, das Richtige in seinem Leben zu tun – den Schritt in die Selbstständigkeit. Natürlich hat ihm sein Aussehen in den vergangenen Jahren schon einige Türen geöffnet. Aber jetzt? Bei diesem wichtigen Schritt, sein eigenes Fitnessstudio zu eröffnen, ist er vollkommen auf sich allein gestellt. Seine Muskeln und sein Sixpack bringen ihm nichts in den Verhandlungen mit möglichen Kooperationspartnern."

So, wie du deinen Protagonisten ausführlich beschreibst, sollte im Anschluss daran auch das Problem/Ereignis und anschließend Lösung/Umgehen/Scheitern beschrieben werden. Vielleicht kann es dir helfen, wenn du beim Erstellen deines Plots noch auf die folgenden Merkmale eingehst, die sich auch sehr oft im Bereich des Storytellings finden lassen. Denn oftmals sind gute Geschichten:

- aktivierend
- emotionalisierend
- begeisternd
- bindend
- Aktivierend

Durch eine gute Geschichte lässt sich die breite Masse des Publikums zum Zuhören bewegen. Und entsprechend werden sich die meisten Empfänger auch mit der gebotenen Thematik befassen. Somit eignen sich Geschichten eben nicht nur zur Vermittlung von Wissen, sondern auch zur Vorstellung eines Produktes etc. Dabei ist vor allem der zielgruppengenaue Einstieg sehr wichtig. Ist dieser gegeben, gewinnt der Storyteller die Aufmerksamkeit seines Publikums und kann dieses zum Zuhören, Mitmachen etc. bewegen.

Emotionalisierend

Da sind sie wieder – die Emotionen aus dem ersten Schritt. Du wirst sicherlich feststellen, dass diese uns immer wieder auf unserem Weg zu einem erfolgreichen Storytelling begegnen werden. Das liegt daran, dass eine gute Geschichte das Publikum emotional auflädt. Denke an das Beispiel aus „Titanic" zurück. Welche Emotionen du bei deinem Publikum allerdings hinterlässt, hängt immer von deiner Story, dem damit verbundenen Thema und auch dem Einsatzzweck ab. Deshalb ist es so wichtig, sich zu Beginn Gedanken darüber zu machen, welche Emotionen du eigentlich beim Leser bzw. Zuhörer erzeugen möchtest. Habe dabei immer im Hinterkopf, dass auch negative Emotionen dein Publikum bewegen und zum Handeln auffordern können. Wenn es zu deinem Thema oder Produkt passt, kannst du auch mit Angst und Schrecken arbeiten, damit sich die Informationen besser in den Köpfen der Leser bzw. Zuhörer verankern.

Begeisternd

Manche Geschichten begeistern das Publikum auch. In diesem Fall sind die Empfänger von einer Idee, einem Produkt, einer Marke oder einem Prozess so begeistert, dass sie die Geschichte freiwillig weiterverbreiten. Es konnte bereits in einigen Studien nachgewiesen werden, dass Begeisterung ein weiterer wichtiger Schlüssel ist, um das Gedächtnis von anderen Menschen zu erreichen. So sind beispielsweise Menschen weitaus aufnahmefähiger, wenn es um Lernprozesse geht, sofern Begeisterung eine Rolle spielt. Denken wir noch einmal an unsere Schulzeit zurück. Vielleicht gab es auch bei dir diesen einen Lehrer oder die Lehrerin, der oder die alles irgendwie ein bisschen besser erklären konnte, seinen bzw. ihren Unterricht vielleicht auch ein wenig anders gestaltet hat als die Kollegen oder bei dem bzw. die das Lernen einfach mehr Spaß gemacht hat. Unter Umständen wirst du die Informationen und Fakten aus diesem Unterricht auch heute noch wissen oder zumindest leichter aus dem Gedächtnis abrufen können. Themen, die uns begeistern oder für die wir vielleicht sogar innerlich brennen, bleiben deutlich länger im Gedächtnis.

Bindend

Und zu guter Letzt haben gute Storys natürlich auch immer noch eine bindende Funktion. Denken wir nur noch einmal an die Gebrüder Grimm zurück. Sie haben vor mehreren Jahrhunderten ihre Märchen und Erzählungen verfasst. Aber selbst heute noch kaufen Menschen die Werke der Brüder, um diese zu lesen. Wer also gute und vor allem auch fesselnde Geschichten erzählen kann, sorgt dafür, dass sich das Publikum an ihn bindet. Es will mehr von den Erzählungen und wird entsprechend auch in regelmäßigen Abständen die Webseite besuchen oder sich auf andere Weise Informationen verschaffen. Je nachdem, für welchen Bereich du das Storytelling auch nutzen möchtest, solltest du diese bindende Eigenschaft nicht außer Acht lassen. So ist es eben nicht nur möglich, über die eigene Internetpräsenz, sondern vor allem auch über Social-Media-Kanäle die eigenen Geschichten zu promoten. Das Aufbauen des Plots mag jetzt vielleicht ein wenig schwierig erscheinen, aber in Wirklichkeit ist es das gar nicht. Denn schließlich erzählen wir auf irgendeine Weise immer wieder Geschichten in unserem Leben. Das Storytelling lässt sich in vielen Bereichen unseres Lebens finden und wir alle sind tatsächlich in der Lage, Storys zu erfinden und diese auch wiederzugeben. Wir denken uns Geschichten aus, die wir vielleicht unseren Kindern vor dem Einschlafen erzählen, oder geben den neusten Tratsch in der Kaffeeküche an unsere Kollegen weiter. Aber auch viele Unternehmensgeschichten, die wir vielleicht schon mal gehört haben, sind eine Form des Storytellings. Denken wir nur mal an die Geschichte von Adidas und Puma. Die Geschichte der beiden Brüder, Adolf und Rudolf Dassler, wurde sogar verfilmt. Die beiden Brüder bauten gemeinsam in den 20er Jahren eine Schuhmanufaktur auf und ergänzten sich hervorragend. Während Adolf Dassler als Visionär und Tüftler galt, war Rudolf Dassler das Verkaufstalent innerhalb des Unternehmens. Irgendwann kam es jedoch, wie es kommen musste, und die beiden Brüder zerstritten sich. Am Ende hatte Adolf Dassler das Unternehmen Adidas zum Erfolg geführt und sein Bruder Rudolf das Unternehmen Puma. Auf der eigenen Website beginnt das Unternehmen Adidas seine Unternehmensgeschichte mit den Worten:

„Wir begannen in einer Waschküche und eroberten die Welt. Seit unserer Gründung haben wir große Siege gefeiert, aber auch die eine oder andere Herausforderung gemeistert. Wir haben für die Besten unser Bestes gegeben. Wir haben uns entwickelt und verändert. Wir blicken in die Zukunft, vergessen aber niemals unsere Wurzeln. Dies ist unsere Geschichte."[1]

Puma hingegen beginnt die Geschichte des Unternehmens wie folgt zu beschreiben:

„Im Jahr 1919 machten die Brüder Rudolf und Adolf Dassler den ersten Schritt in einer langen, von Leistung und Geschwindigkeit geprägten Geschichte: Im heimatlichen Herzogenaurach in Deutschland, gründeten sie die Gebrüder Dassler Schuhfabrik. Fünf Jahre später, 1924, siedelten sie in ihre erste Fabrik um. Damals ahnten sie noch nicht, dass sie damit den Grundstein für die Welthauptstadt des Sportschuhs legten.

[1] Quelle: Homepage: www.adidas-group.com

Zunächst gab es in Herzogenaurach noch viele weitere, kleinere Schuhfabriken. Die meisten von ihnen überlebten die 1950er und 60er Jahre allerdings nicht."[2]

Das Storytelling begegnet uns also in vielen Bereichen unseres Lebens. Und viele Geschichten ziehen uns regelrecht in ihren Bann. Denn selbst, wenn wir keine Adidas- oder Puma-Produkte tragen, ist es dennoch faszinierend, wie die großen Marken entstanden sind. Und natürlich spielt auch das tragische Schicksal der beiden Brüder, die zunächst alles gemeinsam begonnen und sich dann am Ende, bis zu ihrem Tod, zerstritten haben, eine elementare Rolle. Anhand dieser Geschichte wird wieder einmal deutlich, dass das Leben eben doch die besten, wenn auch nicht immer glücklichsten Geschichten schreibt. Aber nun zurück zu deinem Plot. Beim Aufbau solltest du vor allem im Mittelteil, sprich bei der Erläuterung des Problems oder Ereignisses, den dramatischen Bogen berücksichtigen. Es handelt sich hierbei um ein Instrument aus der Literatur und wird auch gerne als Spannungsboden bezeichnet. Zurückzuführen ist dieser auf den griechischen Gelehrten Aristoteles. Dieser schuf die dramaturgische Drei-Akt-Struktur. Der dramatische Bogen gliedert sich in fünf Bereiche, die zunächst ansteigen und dann wieder abflachen.

---

[2] Quelle: Homepage: www.about.puma.com

Wir beginnen zunächst mit der **Einführung** oder Exposition. In dieser werden die Rahmenbedingungen für die Geschichte definiert. Dazu werden alle wichtigen W-Fragen beantwortet (Wer?, Was?, Wann?, Wo?, Warum?, Wie? und Wozu?) Diese sind wichtig, damit das Publikum zunächst im Bilde ist, worum es überhaupt geht, und damit auch dem weiteren Verlauf gefolgt werden kann. Eine Einführung ist immer dann perfekt, sofern diese eine eigenständige Welt darstellt, auf die sich das Publikum einlassen möchte. Das heißt also, deine Einführung sollte dem Empfänger das Gefühl vermitteln, dass er unbedingt wissen möchte, was innerhalb der Geschichte passiert. Ist die Einführung schon langweilig und zieht den Leser bzw. Zuhörer nicht in den Bann, hast du eigentlich schon verloren. Denn nur die wenigsten Menschen werden der Story dann noch weiter ihre Aufmerksamkeit schenken. Dieses Phänomen lässt sich auch häufig bei sehr bekannten Autoren finden, deren Werke verfilmt werden. Mit ihren Büchern konnten sie Millionen Menschen begeistern. Die Filme hingegen haben nur die wenigsten Zuschauer vom Hocker gerissen. Warum? Beim Lesen der Bücher hat das Publikum bestimmte Bilder vor Augen gehabt. Diese wurden durch die Verfilmungen aber nicht bestätigt. Und so stellt sich schnell eine Enttäuschung ein.

Es lohnt sich also, ein wenig mehr Zeit in die Einführung zu investieren, damit diese am Ende auch gelungen ist. Wenn du die Exposition geschafft hast, kommt der **erste Wendepunkt** - auch gerne bezeichnet als Aufbau des Konfliktes. Innerhalb der Einleitung hast du für den Protagonisten eine etablierte Welt geschaffen, diese bekommt nun durch den Konflikt Risse oder wird komplett vernichtet. Innerhalb des Konfliktes kann auch ein Feind auftreten, der gegen den Protagonisten arbeitet. Dieser sieht sich gezwungen, zu handeln, und ist zeitgleich Träger der Handlung. Dein Protagonist muss also aktiv werden, um seine Welt oder zumindest Teile davon wieder zurückzuerhalten oder sich seinem Schicksal zu ergeben - je nachdem, wie das Ende aussehen soll. Zuvor folgt jedoch der **dramatische Höhepunkt** der Story. Der gesamte Konflikt hat den Gipfel erreicht und wird ausgetragen. Das Drama nimmt quasi seinen Lauf. Hier kann es zum Beispiel auch vorkommen, dass sich die Situation des Protagonisten deutlich verschlechtert. Alles hat den Anschein, als würde dieser scheitern. Doch dann kommt der **zweite Wendepunkt** und der Konflikt wird langsam abgebaut. Das Schicksal des Protagonisten wendet sich wieder dem Guten hin. Auch kann in diesem Bereich dann die Lösung des Problems oder ein Ausweg beschrieben werden. Alles sollte jedoch immer eng mit dem Handeln des Protagonisten und dessen Charakter verbunden sein. Was nun noch bleibt, ist das **Ende**. Die Ausgangssituation wird wieder hergestellt und der Konflikt nimmt ein glückliches Ende.

Allerdings ist nun die Welt des Protagonisten, wie aus der Einleitung, nicht mehr dieselbe. Schließlich gab es innere Weiterentwicklungen oder auch äußere Veränderungen innerhalb der Umwelt, die dazu führen, dass eben nicht alles ist wie am Anfang der Geschichte. Bei dem Aufbau deines Plots solltest du demnach also die fünf Stationen des dramatischen Bogens berücksichtigen:

1. Einleitung (Exposition)
2. erster Wendepunkt (Aufbau des Konfliktes)
3. Höhepunkt (Konfrontation)
4. zweiter Wendepunkt
5. Schluss (Ende des Konfliktes)

Gerade bei der ersten Geschichte und dem damit verbundenen Plot kann es zu Beginn ein wenig holperig vorangehen. Versuche aber dennoch, so ausführlich wie möglich zu plotten - das erleichtert dir den nächsten Schritt. Und denke immer daran: Es ist noch kein Storyteller vom Himmel gefallen. Wenn also der erste Plot nicht gleich auf Anhieb gelingt, versuche es weiter. Um dir das Plotten deiner Story ein wenig zu erleichtern, gehen wir die einzelnen Schritte anhand einer Erfolgsgeschichte, die du vielleicht auch kennst, durch.

Plot-Beispiel: Chris Gardener

Wir beginnen den Plot zunächst einmal, indem wir die Charaktere der Geschichte bestimmen und diese beschreiben:

Protagonist: Chris Gardener

- Anfang 30 (zu Beginn der Geschichte)
- ein groß gewachsener afroamerikanischer Mann, der in den 80er Jahren in San Francisco lebt
- kurze gekräuselte, schwarze Haare
- er verdient sein Geld als Handelsvertreter für Knochendichtemessgeräte
- die finanzielle Notlage seiner Familie belastet ihn sehr, dennoch ist er die meiste Zeit positiv gestimmt
- sein größter Traum ist, seinem Sohn eine unbeschwerte Zukunft zu ermöglichen, da er selbst als Kind einige Zeit im Pflegeheim verbrachte und weiß, wie es sich anfühlt, als Kind allein zu sein
- er hatte als Kind wenige männliche Vorbilder und wurde von seinem Vater körperlich misshandelt
- Chris ist stets neugierig, wissensdurstig und schnell begeisterungsfähig

- er hatte in seinem Leben schon viele Pläne, die leider immer wieder gescheitert sind
- das Wohl seines Kindes steht für ihn immer an erster Stelle
- er ist intelligent und talentiert, hat aber einfach kein Glück im Leben

weitere Charaktere: Linda:

- Frau von Chris
- hübsche und intelligente afroamerikanische Frau in den 20ern
- lange schwarze Haare
- kümmert sich vorzugsweise um den Haushalt und den gemeinsamen Sohn
- kommt mit der finanziellen Situation der Familie nicht klar
- sie wünscht sich ein Leben fernab der Armut

Christopher:

- Sohn von Chris und Linda
- 5 Jahre (zu Beginn der Geschichte)
- kleiner, aufgeweckter Junge mit Wuschelfrisur, der Fußball spielen liebt

Damit hätten wir die Personen oder zumindest die wichtigsten Charaktere der Geschichte einmal beschrieben. Du kannst natürlich noch viel detailreicher deine Charaktere beschreiben, sofern es für die Geschichte notwendig ist. Notiere dir beispielsweise die Macken der Personen, ihre Hobbys oder besondere optische Merkmale. Vor allem deinen Protagonisten solltest du so ausführlich wie möglich beschreiben. Je mehr Arbeit du in den Plot investierst, umso leichter wird dir das darauffolgende Schreiben der Geschichte fallen. Wenn du dir bisher aber noch keine Gedanken um deine Charaktere der Story gemacht hast, ist das nicht weiter schlimm. Die sogenannte Figurenentwicklung kannst du auch erst während des Schreibens durchführen. Dazu aber noch später mehr in diesem Buch. Das Beschreiben der einzelnen Charaktere und vor allem des Protagonisten gleich zu Beginn des Plots ist nur eine Möglichkeit.

Nach den Personen der Geschichte kommen wir nun zu den fünf Stationen des dramatischen Bogens. Und auch in diesem Fall empfiehlt es sich, dass wir die einzelnen Punkte einfach systematisch abarbeiten.

Einleitung

- Chris lebt in den 80er Jahren mit seiner Frau und dem gemeinsamen fünfjährigen Sohn in einem ärmlichen Stadtteil von San Francisco

- sein Geld verdient er als Handelsvertreter für Knochendichtemessgeräte - er ist aber nicht sonderlich erfolgreich, denn die Geräte sind viel teurer als andere Apparate, dennoch versucht er, Ärzte und Krankenhäuser von den Geräten zu überzeugen, da diese eine weitaus bessere Auflösung besitzen als herkömmliche Apparate

- sie leben in einer kleinen, heruntergekommenen Wohnung und Chris kann seine Familie nur mit Mühe und Not finanziell über Wasser halten

- trotz der Umstände, in denen die Familie lebt, sind sie anfänglich alle noch glücklich

- Chris verbringt viel Zeit mit seinem Sohn

Erster Wendepunkt

- Chris´ Welt gerät ins Wanken, als seine Frau Linda ihn zusammen mit dem gemeinsamen Sohn verlässt - sie hält die finanzielle Situation einfach nicht mehr aus
- Linda möchte raus aus der erbärmlichen Wohnung und endlich ein Leben führen, in dem finanzielle Sorgen der Vergangenheit angehören
- Chris ist zunächst am Boden zerstört, fasst dann jedoch den Entschluss, seinen Sohn zu sich zurückzuholen
- er argumentiert gegenüber Linda, dass er aufgrund seines Willens besser für den gemeinsamen Sohn sorgen kann
- Linda ist mittlerweile vollkommen überfordert von der Situation (Job und Kind) und sieht ein, dass Chris recht hat
- Chris kehrt gemeinsam mit seinem Sohn in die Wohnung zurück - von nun an ist er alleinerziehender Vater und muss den Lebensunterhalt für sich und seinen Sohn bestreiten und sich gleichzeitig um diesen kümmern, da Christopher nicht immer in den Kindergarten kann

- Chris muss seinen Sohn sogar zu Geschäftsterminen mitnehmen
- zu allem Überfluss wird ihm eines der teuren Knochendichtemessgeräte gestohlen
- Chris und Christopher leben in bitterer Armut – Chris verzichtet auf Nahrung für sich, damit wenigstens sein Sohn etwas zu essen hat
- Chris beschließt, dass es so nicht weitergehen kann, und sucht sich eine aussichtsreichere Arbeit
- eines Tages, als Chris mit seinem Sohn in San Francisco auf einer Parkbank sitzt, sieht er einen sehr gut gekleideten Mann aus einem Ferrari aussteigen – ohne zu zögern geht er auf den Mann zu und stellt diesem zwei bedeutsame Fragen: „Was tun Sie? Und wie tun Sie es?“
- der Mann aus dem Ferrari stellt sich als Bob Bridges vor und antwortet Chris, dass er als Börsenmakler tätig ist – er fügt hinzu, dass man in diesem Job lediglich mit Menschen und Zahlen umgehen muss
- Bob Bridges rät Chris zu einem unbezahlten Praktikum in einer Firma – zeitgleich macht er Chris mit anderen Broker-Größen bekannt

Höhepunkt

- Chris bekommt das unbezahlte sechsmonatige Praktikum
- am Ende des Praktikums wird Chris eine Festanstellung in Aussicht gestellt - allerdings muss er sich gegenüber anderen Konkurrenten behaupten
- um den Lebensunterhalt für sich und seinen Sohn zu verdienen, arbeitet Chris neben seinem Praktikum weiter als Handelsvertreter
- als Mietschulden auflaufen, verliert er die Wohnung für sich und Christopher
- zunächst wohnen beide in einem Motel
- Chris kümmert sich rührend um seinen Sohn und versucht, ihm ein schönes Leben zu bieten
- eines Tages zieht das Finanzamt ohne Vorwarnung jegliches Geld von seinem Konto ein - Chris ist offiziell pleite und kann auch die Miete im Motel nicht mehr bezahlen
- er lebt fortan mit seinem Sohn auf der Straße
- während er tagsüber sein Praktikum absolviert und als Handelsvertreter arbeitet, ist er am Abend auf der Suche nach einem geeigneten Schlafplatz für sich und seinen Sohn

- einige Nächte verbringen die beiden in einer öffentlichen Toilette - Chris ist verzweifelt, will aber dennoch nicht aufgeben, denn sein Sohn schenkt ihm die Kraft, immer wieder weiterzumachen
- während seine Kräfte immer weiter nachlassen, setzt Chris alles daran, sowohl das Praktikum erfolgreich zu absolvieren als auch als Handelsvertreter einige Dollar zu verdienen - das Wohl seines Kindes ist ihm stets das Wichtigste

Zweiter Wendepunkt

- nach sechs Monaten besteht Chris erfolgreich die Prüfung seines Praktikums
- er bekommt die Festanstellung in der Investmentbank
- die finanziellen Sorgen von Chris und seinem Sohn haben ein Ende
- endlich kann er seinem Sohn das Leben bieten, das er sich immer für ihn gewünscht hat

Schluss

- 1987 gründet Chris seine eigene Broker-Firma
- viele Jahre später ist Chris nicht nur Millionär, sondern unterstützt auch zahlreiche Wohltätigkeitsorganisationen

So könnte demnach ein Plot aussehen. Gerade zu Beginn empfiehlt es sich, den Aufbau und die fünf Stationen des dramatischen Bogens eines Plots systematisch zu beschreiben. Notiere dir alles, was dir einfällt. Unwichtige Informationen kannst du beim Schreiben später immer noch weglassen. Du solltest aber am Ende einen möglichst detaillierten Plot haben, damit du mit diesem im nächsten Schritt effektiv arbeiten kannst. Es ist beim Plotten immer von Vorteil, ein wenig ausführlicher zu sein. Auf diese Weise kannst du dir die Geschichte auch vor dem geistigen Auge vorstellen. Wenn du anhand deiner Stichpunkte oder Sätze innerhalb des Plots keine Bilder im Kopf hast, solltest du noch ein wenig daran feilen. Habe immer im Hinterkopf, dass deine Worte Bilder im Kopf des Publikums erzeugen sollen. Sofern du beim Lesen deiner Worte keine bildliche Vorstellung bekommst, wie soll es dann den Lesern oder Zuhörern ergehen?

Das Plotten ist sicherlich nicht ganz so einfach, wie es auf den ersten Blick scheinen mag. Um dir dennoch ein wenig unter die Arme zu greifen, nachfolgend noch einige Tipps, die du berücksichtigen kannst.

Richtig plotten

Durch einen ausführlichen oder zumindest detailreichen Plot erleichterst du dir das Schreiben deiner Story. Die nachfolgenden Tipps sollen noch einmal eine kleine Unterstützung für dich darstellen.

#1: Frage dich nach dem Warum

Aus dem zweiten Kapitel weißt du, dass es immer sinnvoll ist, sich nach dem Warum zu fragen. Bevor du dich also an deinen Plot setzt, solltest du selbst den Grund deiner Geschichte kennen. Welche Botschaft möchtest du mit deiner Story vermitteln? Und warum ist dir diese so wichtig, dass auch andere sie kennen sollten? Du kannst dich auch fragen, was du deinen Zuhörern bzw. Lesern mit auf den Weg geben möchtest. Durch die Frage nach dem Warum verhinderst du, dass du einfach nur Worte aneinanderreihst, ohne dass diese eine tiefgreifende Bedeutung oder einen Sinn haben.

Wenn wir noch einmal an das Plot-Beispiel von Chris Gardener zurückdenken: Die Botschaft seiner Geschichte ist, dass man niemals aufgeben sollte. So schwer das Leben auch erscheinen mag, es lassen sich immer wieder Wege finden, um das eigene Schicksal in die richtige Richtung zu lenken. Der Sinn vom Storytelling ist es eben nicht, nur Geschichten zu erzählen, sondern diese mit Informationen und Emotionen zu kombinieren, damit am Ende eine bestimmte Botschaft an das Publikum vermittelt werden kann. Und genau diese Botschaft musst du bereits im Vorfeld kennen. Das Ende deiner Geschichte und die damit verbundene Botschaft müssen direkt am Anfang vorhanden sein, denn darauf baut schlussendlich die ganze Story auf. Aus diesem Grund gibt es auch einige Storyteller, die mit dem Ende beginnen. Sie plotten also zunächst einmal den Schlussteil und widmen sich dann den restlichen Aufbaupunkten.

#2: Nutze authentische Geschichten

Die Geschichte von Chris Gardener ist tatsächlich so passiert. Aus diesem Grund ist die Story auch so erfolgreich. Authentizität ist ein wichtiger Faktor beim Storytelling. Versuche, deine Persönlichkeit und deine Werte in die Story miteinfließen zu lassen. Das weckt beim Publikum großes Interesse und es kann sich leichter damit identifizieren. Wenn du dich verstellst oder dich hinter irgendetwas versteckst, werden die Zuhörer oder Leser dies irgendwann merken. Für eine gute Story spielt die Glaubwürdigkeit eine entscheidende Rolle. Und das bezieht sich nicht nur auf die nachvollziehbaren Emotionen oder Handlungen, sondern eben auch auf dich bzw. den Protagonisten deiner Geschichte. Mit Glaubwürdigkeit erreichst du weitaus mehr Menschen als mit einer gekünstelten Fassade, die irgendwann Risse bekommt, weil dein Publikum skeptisch oder vorsichtig wird. In diesem Zusammenhang solltest du dich auch nicht davor scheuen, deine Macken, Ängste oder Sorgen mit dem Publikum zu teilen. Auf diese Weise gibst du den Empfängern die Möglichkeit, sich mit der Situation emotional zu identifizieren. Deine Story sollte dem Publikum die Möglichkeit geben, sich selbst, oder zumindest teilweise, in dieser wiederzufinden.

Schauen wir uns dazu vielleicht noch einmal die Geschichte von Chris Gardener an. Er ist heute ein reicher und erfolgreicher Mann. Durch seine Geschichte gewährt er jedoch Menschen tiefe und teilweise auch intime Einblicke in sein damaliges Leben. Er hatte kein Geld und bangte um seine eigene und die Existenz seines Sohnes. Er aß tagelang nichts, damit sein Kind etwas essen konnte. Und als wohl größte Demütigung verlor er seine Wohnung und musste mitunter auf öffentlichen Toiletten schlafen. Kein Mensch ist perfekt und aus diesem Grund können sich Menschen auch nicht mit perfekten Personen identifizieren. Du musst für eine gute Story also auch einen Teil von dir preisgeben - selbst, wenn es schwerfällt.

#3: Versuche, das Herz deines Publikums zu erreichen

Ob nun Trauer, Freude oder Wut in deiner Geschichte die dominierenden Emotionen sind, ist vollkommen egal. Wichtig ist nur, dass das Publikum mit jedem Wort mitgerissen wird. Du weißt, dass Emotionen miteinander verbinden können. Deshalb solltest du die emotionalen Bedürfnisse deines Publikums beim Plotten immer wieder berücksichtigen. Und deshalb ist es auch im ersten Schritt des Storytellings so wichtig, dass du definierst, welche Emotionen du beim Leser bzw. Zuhörer auslösen und hinterlassen möchtest.

#4 Vernachlässige den Verstand des Publikums nicht

Emotionen sind schön und gut, aber du solltest auch den Verstand der Leser bzw. Zuhörer anregen. Denn gute Geschichten dienen nicht nur allein der Unterhaltung, sondern bieten auch Einsichten und Orientierungen. Und im Idealfall erzeugen sie sogar ein Aha-Erlebnis beim Publikum. Diese Erkenntnisse nehmen die Empfänger dann mit, denken darüber nach und werden aktiv oder erzählen deine Geschichte zumindest weiter. Solche Anregungen, die den Verstand des Publikums inspirieren, werden typischerweise am Ende der Story eingebaut. Aber auch in diesem Fall ist es ratsam, sich bereits im Vorfeld darüber Gedanken zu machen, damit du weißt, wie du Spannung aufbaust, um diese Pointe mit dem größtmöglichen Effekt zu erzielen.

#5 Bleibe auf Augenhöhe

Ein guter Storyteller ist immer auf Augenhöhe mit seinem Publikum. Das bedeutet, du solltest Empathie vermitteln und deinen Lesern bzw. Zuhörern zeigen, dass du die Situation kennst, in der sie sich vielleicht gerade selbst befinden. Um mit dem Publikum auf Augenhöhe zu sein und auch zu bleiben, ist es wichtig, dieses zu kennen. Wem möchtest du deine Geschichte erzählen? Und was genau weiß das Publikum bereits und was möchte es noch wissen? Im Storytelling ist es von entscheidender Wichtigkeit, das eigene Publikum zu kennen. Wenn dies nicht der Fall ist, kann es unter Umständen passieren, dass das Publikum die Informationen schon kennt und sich relativ schnell langweilt. Auf der anderen Seite kann es aber auch sein, dass du bei deinen Lesern bzw. Zuhörern Wissen voraussetzt, das nicht vorhanden ist, und so kann niemand deiner Geschichte folgen. Definiere also relativ weit zu Beginn dein Publikum - mit allen Facetten, die dazugehören.

1. Welche Personen sollen deine Story lesen oder hören?
2. Welche Informationen haben diese Personen bereits?
3. Was genau könnte sie jetzt noch interessieren oder was wollen sie wissen?

Diese drei Fragen dienen als Grundlage der Definierung deines Publikums. Und auf diese Weise kannst du dann auch die Erwartungen der Empfänger erfüllen. Nichts ist schlimmer, als die Erwartungen eines Publikums nicht erfüllen zu können. Am Ende deiner Geschichte sollten für die Zuhörer bzw. Leser keine Fragen offenbleiben. Schließlich nimmt sich das Publikum auch die Zeit für deine Geschichte. Und niemand möchte seine Zeit für eine nichtssagende, langweilige oder eintönige Story verschwenden.

#6: Der Part des Publikums an der Geschichte

Bei vielen markanten Geschichten lässt sich eine interaktive Aufbauweise finden. So kann das Publikum zumindest gedanklich zu einem Teil der Handlung werden. Durch diesen interaktiven Aufbau gibt der Storyteller natürlich einen Teil der Kontrolle ab, er gewinnt aber auf diese Weise auch ein Publikum, das sich viel besser in die jeweilige Situation hineindenken und sich entsprechend auch mit dieser identifizieren kann. Solche Interaktionen bieten sich vor allem an, wenn du deine Geschichte selbst vor dem Publikum erzählst. In diesem Fall kannst du kleine Fragen an das Publikum stellen, sofern sich der Protagonist beispielsweise vor einer Entscheidung befindet. Du kannst offene Fragen an die Zuhörer richten, wie:

„Wie hätten Sie sich entschieden?“
oder
„Was denken Sie, wie er/sie sich entschieden hat?“

Du musst in diesem Fall keinen Dialog mit dem Publikum beginnen. Es geht schlichtweg nur darum, dass die Zuhörer einbezogen werden und sich zum Teil selbst in der Geschichte sehen. Denn so wird noch einmal eine emotionale Bindung geschaffen.

#7: Das perfekte Ende

Dein Plot beinhaltet einen Spannungsbogen, der in einem großen Finale endet. Und gerade für den Schluss lassen sich noch einmal ein paar zusätzliche Tipps finden, mit denen du bei deinem Publikum punkten kannst. Es gibt verschiedene Plot-Arten, die dir die Möglichkeit geben, den Höhepunkt deiner Geschichte ins richtige Licht zu bringen.

Da hätten wir zunächst einmal den **Puzzle-Plot**. Innerhalb von diesem beschreibst du viele miteinander verwobene Rätsel. Und alle Rätsel löst du im Laufe der Handlung auf, damit ein stimmiges Ganzes am Ende entsteht. Der Puzzle-Plot gibt dir die Möglichkeit, einen sehr großen Aha-Effekt bei deinem Publikum zu erzeugen. Allerdings musst du einfach schauen, ob diese Plot-Art auch zu deiner Story passt.

Als Nächstes hätten wir noch den **Plot-Twist**. Dieser wird sehr gerne in Filmen und Büchern verwendet. Es scheint in der Erzählung eine klare Richtung zu geben. Manchmal kann diese auch für das Publikum schon vorhersehbar sein. Der Storyteller führt die Leser bzw. Zuschauer so jedoch auf eine vollkommen falsche Fährte, denn am Ende wartet die unerwartete Wendung auf das Publikum. Wenn du den Plot-Twist richtig einsetzt, schaffst du es, dass deine Story nicht nur einen großen Eindruck bei den Empfängern hinterlässt, sondern das Publikum wird auch noch lange an die Geschichte denken.

Eine weitere Möglichkeit bietet der **Netzwerk-Twist**. Hierbei ist charakteristisch, dass die Personen der Geschichte vermeintlich erst einmal nichts miteinander zu tun haben. Dennoch gibt es eine Verbindung. Diese arbeitest du aber erst im Laufe der Erzählung heraus und baust auf diese Weise den bestmöglichen Spannungsbogen auf.

Der **Triumph-Plot** wird häufig im Storytelling verwendet – vor allem bei der Erzählung der eigenen Geschichte. Der Protagonist muss innerhalb des Plots nicht nur zahlreiche Widerstände, sondern auch Feinde, Intriganten, Skeptiker, Widersacher und andere Probleme überwinden. Am Ende kann er jedoch seinen Erfolg genießen.

Das Plotten bildet die Grundlage für den nächsten Schritt auf dem Weg zum erfolgreichen Storytelling. Deshalb lass uns noch einmal kurz zusammenfassen, was wirklich wichtig ist. Nach den Emotionen und der eigentlichen Geschichte, die du erzählen willst, solltest du dir Gedanken darüber machen, wie das Ende aussieht und welche Botschaft du damit vermitteln willst. Gleichzeitig ist es ratsam, darüber nachzudenken, welche Zielgruppe du mit deiner Story erreichen möchtest. Denn daraus resultiert, dass du die Informationen und Fakten innerhalb deiner Geschichte zielgruppenorientiert anpassen kannst. Und erst nach dieser Vorarbeit geht es an die Erstellung deines Plots. Dabei sind nicht nur das Grundgerüst des Plots und die damit verbundenen Merkmale zu berücksichtigen, sondern auch die fünf Stationen des dramatischen Bogens:

1. Einleitung
2. erster Wendepunkt
3. Höhepunkt
4. zweiter Wendepunkt
5. Schluss

Für das Ende kannst du aus verschiedenen Varianten die genau passende für dich finden, um das bestmögliche Aha-Erlebnis bei deinem Publikum zu erzielen.

Kapitel 4

Die Story verfassen und abrunden

Im vierten Schritt geht es primär also darum, deine Story zu verfassen und ihr den letzten Schliff zu verleihen. Durch deinen Plot hast du eine genaue Vorstellung davon, was und wie in deiner Geschichte passieren soll. Nun geht es also darum, die passenden Worte zu finden. Es gibt Storyteller wie Alexander Christiani, die aus dem Stehgreif eine passende Geschichte für ihre Kunden parat haben. Es hat den Anschein, als würden sie diese einfach so im Kopf entwickeln und erzählen. Das ist eine hohe Kunst, erfordert aber auch ein gewisses Können. Zu Beginn ist es deshalb ratsam, die eigene Story auf einem Blatt Papier oder am PC, Laptop etc. niederzuschreiben. Und genau darum soll es nun im folgenden Kapitel gehen.

Zu Beginn kann das Schreiben der Story mit einigen kleinen Hürden verbunden sein - vor allem, wenn du bisher noch nicht wirklich viele Geschichten geschrieben hast. Dennoch gibt es eine gute Nachricht: Im Grunde besitzt jeder Mensch ein gewisses Talent zum Schreiben. Manchmal muss dieses einfach nur herausgekitzelt werden. Mithilfe deines Plots hast du eine grobe Richtung, in die die Story gehen soll und an der du dich beim Schreiben orientieren kannst. Und genau hier zahlt es sich aus, so gut und so ausführlich wie möglich geplottet zu haben.

Beim Schreiben selbst ist es stets wichtig, darauf zu achten, dass du deinen Leser bzw. Zuhörer immer packst. Das gilt vor allem für die Einleitung. Innerhalb dieser solltest du die Aufmerksamkeit des Publikums erregen. Gib dem Leser bzw. Zuhörer einen Grund, weshalb sich das Weiterlesen bzw. Zuhören lohnt. Damit du dies erreichst, kannst du auf alles Mögliche zurückgreifen. Es gibt schlichtweg keine Verbote. Einzig und allein Langeweile gilt es, zu vermeiden. Versuche beispielsweise bereits in deiner Einleitung, einen kleinen Hinweis auf das eigentliche Problem der Geschichte bzw. des Protagonisten zu geben. Verrate aber nicht zu viel!

Erwähne beispielsweise, dass die Geschichte nicht so verläuft, wie es zunächst den Anschein macht. Du kannst auch schreiben, dass etwas Außergewöhnliches geschehen ist, noch geschehen wird oder bereits geschieht. Dabei solltest du allerdings darauf achten, dass dem Publikum gleich klar wird, was genau passiert. Leser und Zuhörer brauchen immer ein wenig Orientierung. Einige Dinge kannst du zunächst aber ruhig noch für dich behalten. Vermeide es, dass dein Publikum etliche Sätze liest oder hört und immer noch nicht weiß, worum es überhaupt gehen soll. Allzu lange solltest du also nicht um den heißen Brei herumreden.

Beim Schreiben ist es sinnvoll, immer im Hinterkopf zu haben, dass sich das Publikum in den geschriebenen Worten wiederfinden muss oder zumindest von diesen in den Bann gezogen wird. Dabei spielt die Relevanz wieder eine entscheidende Rolle. Das betrifft aber nicht nur die Handlung, sondern vor allem die Charaktere und den Protagonisten. Versuche, die Handlungen innerhalb deiner Story so lebendig wie möglich zu beschreiben. Auf diese Weise gibst du deinem Publikum immer wieder die Möglichkeit, sich mit den Charakteren zu identifizieren.

Diese Identifikation ist wiederum der Schlüssel dafür, dass das Publikum zu einem Teil der Geschichte wird. Und dafür wiederum kannst und solltest du immer wieder emotional aufreibende Situationen in deine Story integrieren. Emotional relevante Handlungen sind wichtig, damit du dein Publikum begeistern kannst. Entsprechend sollten deine geschriebenen Worte immer mit einer gewissen Portion Emotionen angereichert sein. Welche Emotionen du verwendest, bleibt dir und der Handlung deiner Story überlassen.

Entscheidende Aspekte beim Schreiben

Während des Verfassens deiner Story gibt es drei entscheidende Punkte, auf die du besonders achten solltest, damit deine Story beim Publikum auch gut ankommt.

Die Spannung

Leider gibt es kein Patentrezept, um spannende Geschichten zu schreiben oder eine entsprechende Spannung in die eigene Story zu integrieren. Die Spannung entsteht beim Publikum durch unterschiedliche Aspekte und Dimensionen deiner Story. Ohne Spannung wird dem Leser bzw. Zuhörer sehr schnell langweilig und entsprechend könnte dies auch schon das Aus für deine Story bedeuten. Zugegeben, dieser Aspekt baut beim Storyteller einen gewissen Druck auf. Davon solltest du dich beim Schreiben aber nicht beeinflussen lassen. Damit bei deiner Geschichte keine Langeweile aufkommt, ist es ratsam, die folgenden Fehler zu vermeiden:

Fehler #1: Zu lange über die Idee nachdenken

Es gibt Autoren oder auch Storyteller, die sehr lange über die Geschichte nachdenken und immer wieder ihre Ideen verwerfen, weil sie einfach meinen, dass diese nicht gut sind. Fakt ist jedoch: Das Schreiben ist ein sehr kreativer Prozess und innerhalb von diesem musst du dich einfach treiben lassen. Das klingt jetzt vielleicht ein wenig kitschig, ist aber Tatsache. Deshalb denke nicht so viel über deine Idee oder Geschichte nach. Wenn du als ersten Impuls hattest, deine eigene Lebensgeschichte in Form des Storytellings zu verfassen, dann solltest du dies auch tun. Schreibe zunächst einfach mal darauf los, überarbeiten kannst du immer noch. Wer zu lange nachdenkt, verschenkt unter Umständen kreatives Potenzial. Und viel zu oft hat sich schon bewahrheitet, dass die erste Idee immer die beste ist.

Fehler #2: Du bombardierst deine Leser/Zuhörer mit Informationen

Informationen und Fakten sind gut, aber du solltest sie vor allem dosiert in deine Story integrieren. Natürlich benötigt das Publikum ein wenig Grundwissen innerhalb der Einleitung, um die Handlung im weiteren Verlauf verstehen zu können. Sofern es für die Geschichte an sich aber nicht relevant ist, musst du deinen Lesern bzw. Zuhörern nicht erklären, wie der Protagonist seine ersten Lebensjahre verbracht hat oder was er am Morgen des Tages, der sein/ihre Welt verändert hat, zum Frühstück gegessen hat. Alles, was du schreibst, sollte für dein Publikum einen gewissen Nutzen haben - selbst wenn es nur der Unterhaltung dient. Zu viele unnötige Sätze oder gar Passagen führen schnell zu Langeweile.

Fehler #3: Du verzichtest auf interessante Beziehungen

Friede, Freude, Eierkuchen – das gibt es nicht im wahren Leben und entsprechend solltest du darauf auch innerhalb deiner Geschichte verzichten. Eine Story, in der sich alle blendend verstehen und überhaupt keine Probleme miteinander haben, langweilt das Publikum. Wenn es sich anbietet, sollten deine Charaktere in Konflikte, gerne auch miteinander, geraten. Auf diese Weise kannst du im Laufe deiner Geschichte deinem Publikum erklären, was wirklich dahintersteckt.

Durch deinen Plot hast du bestimmte Charaktere bestimmt. Beim Schreiben kannst du diese in einen Konflikt bringen, sofern du das nicht sowieso schon vorhattest. Vielleicht kommt dir beim Verfassen deiner Story aber auch die Idee, noch einen weiteren Charakter in die Geschichte zu involvieren. Dann tu es!

Fehler #4: Du verzichtest auf die Überarbeitung

Eine abschließende Überarbeitung ist ein Muss. Du solltest deine Geschichte mehrmals durchlesen und darauf achten, ob alles so klingt, wie es sein soll. Vielleicht findest du beim anschließenden Lesen auch noch den einen oder anderen Handlungspunkt, der für den Leser bzw. Zuhörer nicht ganz so schlüssig ist. Im Idealfall lässt du deine Geschichte auch von anderen Personen lesen, damit diese dir ihre Meinung dazu sagen können. Als Storyteller oder Autor sieht man manchmal vor lauter Wörtern die größten Fehler nicht. Deshalb kann es hilfreich sein, das literarische Werk einer vertrauensvollen Person zu zeigen, die offen ihre Meinung sagt. Auf diese Weise lässt sich dann in der einen oder anderen Passage vielleicht doch noch ein wenig mehr Spannung einbauen.

Fehler #5: Du hast keine Lust auf das Verfassen deiner Geschichte

Das Schreiben kann ein sehr wertvolles und mächtiges Werkzeug sein. Einige Geschichten und Erzählungen hinterlassen einen bleibenden Eindruck beim Publikum. Dabei ist aber zu beobachten, dass sich die Autoren mit Leib und Seele dem Schreiben gewidmet haben. Wenn du also an einem Tag so gar keine Lust auf das Verfassen deiner Geschichte hast, solltest du es lieber lassen. Die allseits bekannte Schreibblockade ist kein Mythos, sondern existiert tatsächlich. Es bringt nichts, sich zu quälen und sinnlose Sätze auf das Papier zu kritzeln. In diesem Zusammenhang solltest du auch vermeiden, dir eine bestimmte Wort- oder Seitenzahl als Ziel zu setzen. Dies erzeugt nur weiteren Druck und wird dich daran hindern, spannende Storys zu verfassen. Langeweile sollte innerhalb deiner Geschichte also vermieden werden. Und anhand der genannten Fehler weißt du nun auch, wie das geht. Um dir das Verfassen deiner Geschichte aber noch ein wenig zu erleichtern, hier nun noch ein paar Tipps, mit denen du effektiver die Spannung innerhalb deiner Story integrieren kannst.

Tipp #1: Halte dich an die wichtigsten Fakten

Neben den Informationen aus deinem Plot solltest du beim Verfassen deiner Story die folgenden Fragen berücksichtigen:

- Was genau muss das Publikum wissen?
- Was muss niemand wissen?

Sofern du innerhalb deiner Story nur das erzählst, was wirklich relevant und wichtig ist, baust du die benötigte Spannung auf. Konzentriere dich immer auf das Wesentliche.

Beim Verfassen kann es dir vielleicht schwerfallen, dich kurz zu halten. Aus diesem Grund solltest du innerhalb der Überarbeitung deine Story noch einmal genau durchlesen und eventuell einige überflüssige Passagen streichen oder kürzen.

Tipp #2: Die Charaktere müssen sich entwickeln

Auch bei einer nur kurzen Story solltest du stets darauf achten, dass eine Entwicklung der Charaktere vorhanden ist. Stillstand = Langeweile. Eine solche Entwicklung bei deinen Charakteren kann sowohl äußerlich als auch innerlich stattfinden. Und in den meisten Fällen spielen dafür äußerliche Faktoren eine entscheidende Rolle. Du kannst innerhalb deiner Geschichte beispielsweise ein Erlebnis oder Ereignis integrieren, das das bisherige Leben des Protagonisten oder anderer Charaktere auf den Kopf stellt.

Tipp #3: Lege dem Protagonisten Steine in den Weg

Spannung innerhalb einer Geschichte entsteht immer dann, sofern nicht vorausgesehen werden kann, ob der Protagonist sein Ziel auch wirklich erreicht. Hürden und Hindernisse sollten also auf jeden Fall von dir integriert werden, sofern du dein Publikum mit Spannung fesseln willst. Damit deine Geschichte beim Publikum richtig gut ankommt, darf es der Protagonist innerhalb der Handlung also nicht so einfach haben. Um gekonnt noch ein wenig mehr Spannung aufzubauen, sollten die Hürden und Hindernisse auch unüberwindbar erscheinen.

Tipp #4: Konflikte, Konflikte und noch mehr Konflikte

Niemand möchte Geschichten lesen oder hören, in denen sich endlose Dialoge aneinanderreihen oder in denen der Protagonist ständig nur auf Verbündete trifft. Eine gute Geschichte braucht Konflikte und manchmal ergeben sich diese wirklich erst beim Schreiben. Wenn du also bei der Ausarbeitung deines Plots noch keinen oder nicht viele Konflikte gefunden hast, ist noch lange nicht alles verloren. Die Charaktere deiner Geschichte müssen jedoch nicht immer kämpfen, damit ein entsprechender Konflikt entsteht. Sie können auch diskutieren, sich ankeifen oder einfach aneinander verzweifeln.

Tipp #5: Setze auf überraschende Wendungen

Auch in diesem Fall gilt: Manchmal ergibt sich eine Wendung beim Schreiben. Bei dem Verfassen des Plots konntest du bereits von verschiedenen Szenarien für das

Ende lesen. Aber auch innerhalb der Geschichte kann es noch einmal die eine oder andere Wendung geben, mit der der Leser bzw. Zuhörer nicht gerechnet hat. Eine vorhersehbare Story wird niemanden vom Hocker hauen und auch nicht lange in Erinnerung bleiben. Also, versuche dein Publikum immer wieder zu überraschen.

Fast alle unerwarteten Wendungen haben ihren Ursprung auf der Handlungsebene. Dabei müssen sich diese aber nicht auf die Grundsätzlichkeit beziehen. So kann es beispielsweise sein, dass es vielleicht relativ zeitnah klar ist, dass der Protagonist scheitern wird. Aber die Art des Scheiterns kann vollkommen unerwartet sein - beispielsweise grotesk oder furchtbar. Vielleicht möchtest du aber auch deine Geschichte mit einem Happy End abschließen. In diesem Fall kannst du als Storyteller dafür sorgen, dass dieses Ende auf eine eher unkonventionelle Art eintritt. Auch in diesem Fall hast du dein Publikum überrascht und die Leser bzw. Zuhörer haben erst einmal nicht damit gerechnet.

Die Figuren

Der nächste wichtige Punkt beim Schreiben sind die Figuren. Es kann gar nicht oft genug gesagt werden, aber für ein erfolgreiches Storytelling müssen sich Leser bzw. Zuhörer mit deinen Charakteren, aber vor allem mit dem Protagonisten identifizieren können. Dieser entscheidende, kleine Punkt ist nicht nur elementar für die Spannung, sondern eben auch dafür, dass deine Story in guter Erinnerung bleibt. Das Publikum muss regelrecht mitfiebern, wie es mit den Charakteren weitergeht, und es muss das Interesse daran bestehen, wie es den Charakteren im weiteren Verlauf der Handlung ergehen wird. Eine sorgfältige Figurengestaltung ist ein elementarer Punkt innerhalb der Literatur und somit auch im Storytelling.

Innerhalb des Plots solltest du dich mit den einzelnen Charakteren schon ein wenig beschäftigt haben. Da die Figurenentwicklung innerhalb der Literatur einen großen Stellenwert einnimmt, nachfolgend noch eine genaue Erklärung zu diesem Thema.

Figurenentwicklung: Begriffserklärung und Notwendigkeit

Als Storyteller solltest du dich ausgiebig mit deinen Charakteren beschäftigen. Manche Autoren oder Schriftsteller nehmen ihre Figuren sprichwörtlich mit ins Bett. Sie beschäftigen sich Tag und Nacht mit den Charakteren und lernen diese besser kennen. Wozu das Ganze? Ganz einfach: Je besser du deine Charaktere kennst, umso lebendiger kannst du deren Geschichte dann verfassen. Mithilfe der Figurenentwicklung ist es demnach möglich, dass das Publikum die Charaktere deiner Story besser versteht. Und auf diese Weise erfolgt dann auch eine Identifizierung. Die erste Frage, die du dir im Zusammenhang mit der Figurenentwicklung stellen solltest: Wer sind deine Figuren eigentlich?

Die Figurenentwicklung ist demnach als eine Erweiterung des Plots anzusehen, wird von vielen Autoren oder Storytellern aber erst später in Betracht gezogen. Für viele ist zunächst einmal wichtig, den groben Handlungsverlauf zu plotten, bevor sich darüber der Kopf zerbrochen wird, welche Schwächen, Stärken, Sehnsüchte und Wünsche die einzelnen Charaktere haben sollen. Auch bei der Figurenentwicklung gibt es, je nach Autor, wieder unterschiedliche Herangehensweisen. Einige arbeiten ausschließlich mit Stichpunkten, so, wie in dem Plot-Beispiel von Chris Gardener, andere Autoren wiederum verfassen für ihre Charaktere ganze Biographien. Hier musst du einfach die beste Möglichkeit finden, die mit deiner Arbeits- und Schreibweise zusammenpasst. Innerhalb der Story ist es zudem auch möglich, dass Charaktere sich verselbstständigen. Was bedeutet das? Ganz einfach: Dein Protagonist oder ein anderer Charakter zeigt ganz neue Facetten. Diese ergeben sich meist beim Schreiben und sollten berücksichtigt werden, da sie die Geschichte weiterbringen.

Klassisches Beispiel: Aus dem schüchternen Protagonisten wird ein selbstsicherer Draufgänger. Achte jedoch immer darauf, dass sich deine Charaktere entsprechend der Handlung verändern bzw. verselbstständigen. Die Gesamtstruktur der Story sollte dadurch nicht zerstört werden. Achte auf dein Bauchgefühl und deine Intuition beim Schreiben – diese beiden Gefühle werden dich leiten.

Schreibblockaden liegen oft an den Charakteren

Jeder Autor kennt das Problem: Schreibblockade. Die ersten Seiten sind geschrieben und auf einmal geht es einfach nicht mehr weiter. In den meisten Fällen ist die Ursache dieses Problems bei den Charakteren zu finden. An einer bestimmten Stelle deiner Story braucht ein Charakter eine starke Motivation, um die gesamte Geschichte voranzubringen.

Wenn du in solch eine Situation kommst, befasse dich ein wenig mehr mit dem entsprechenden Charakter und versuche, diesen ein wenig besser kennenzulernen. Wie würdest du dich in der jeweiligen Situation fühlen? Was würdest du tun? Gibt es vielleicht Dinge, die du anders gemacht hättest? Mithilfe der Figurenentwicklung lernst du die Charaktere deiner Geschichte besser kennen. Es ist aber noch viel mehr. Die Entwicklung der Charaktere haucht diesen Leben ein. Und so können Protagonist und Co. auch dein Publikum auf einer emotionalen Ebene erreichen und in den Bann ziehen.

Die Erzählperspektive

Zu guter Letzt hätten wir noch die Erzählperspektive. Diese bietet dir die Möglichkeit, deine Story so spannend wie möglich zu gestalten. Jedoch gibt es auch im Bereich der Erzählperspektiven wieder einmal unterschiedliche Arten. Eines ist jedoch immer gleich: In jeder Geschichte lässt sich ein Erzähler finden, der als Stimme fungiert und dem Publikum die eigentliche Handlung erzählt. Dabei kann der Erzähler verschiedene Positionen einnehmen und somit seine Perspektive ändern, aus der die Geschichte erzählt wird. Innerhalb der Literatur werden vier Erzählperspektiven unterschieden:

- Auktorial
- Personal
- Neutral
- Ich-Erzählung

Jede Erzählperspektive besitzt eine unterschiedliche Wirkung und vermittelt auf diese Weise einen anderen Eindruck von der Handlung. So lässt sich viel oder auch wenig über den Handlungsverlauf und die einzelnen Charaktere vermitteln. Mit der gewählten Erzählperspektive kann demnach das Lese- oder Hörerlebnis maßgeblich beeinflusst werden. Um eine Erzählperspektive zu erkennen, werden in Bezug auf den Text die folgenden Fragen gestellt:

- Wer erzählt eigentlich die Geschichte?
- Was kann der Erzähler wissen?

Die einzelnen Erzählperspektiven werden demnach dahingehend unterschieden, wer die Geschichte erzählt und was dieser Erzähler über die Handlung und die damit verbundenen Charaktere wissen kann. Aber schauen wir uns dazu am besten die einzelnen Perspektiven ein wenig genauer an.

Die auktoriale Erzählperspektive

Diese wird auch als allwissende Erzählperspektive beschrieben. Sie besitzt eine uneingeschränkte Sicht auf das Geschehen. Somit weiß der Erzähler auch alles über die Charaktere innerhalb der Handlung. Der Erzähler hat quasi die Macht, Zusammenhänge zwischen dem Protagonisten und anderen Charakteren aufzuzeigen. Zusätzlich kann der Erzähler in diesem Fall auch in Rückblenden oder Vorwegnahmen das Geschehen erzählen. Diese allwissende Erzählperspektive sollte jedoch nicht mit dem Autor gleichgesetzt werden. Der Autor wiederum ist der Urheber des Erzählers, aber eben nicht dieser selbst. Innerhalb der auktorialen Erzählperspektive wertet und kommentiert der Erzähler die Geschichte. Er weiß mehr und manchmal sogar alles über die Charaktere, wie diese handeln, denken und fühlen. Der auktoriale Erzähler nimmt zusammen mit dem Leser/Zuhörer die Außenperspektive ein und blickt zusammen mit dem Publikum von außen auf die Geschichte.

Vorteile der auktorialen Erzählperspektive

- keine Einschränkungen der Informationen
- maximale Freiheit
- Wissensvorsprung für den Leser

Nachteile der auktorialen Erzählperspektive

- teilweise distanziert
- es besteht die Gefahr, von der eigentlichen Geschichte abzuschweifen

Beispiel der auktorialen Erzählperspektive - **Thomas Mann: Der Zauberberg (1924)**

„Die Geschichte Hans Castorps, die wir erzählen wollen, – nicht um seinetwillen (denn der Leser wird einen einfachen, wenn auch ansprechenden jungen Mann in ihm kennenlernen), sondern um der Geschichte willen, die uns in hohem Grad erzählenswert scheint (wobei zu Hans Castorps Gunsten denn noch erinnert werden sollte, daß es seine Geschichte ist, und daß nicht jedem jede Geschichte passiert): diese Geschichte ist sehr lange her, sie ist sozusagen schon ganz mit

historischem Edelrost überzogen und unbedingt in der Zeitform der tiefsten Vergangenheit vorzutragen."[3]

Die personale Erzählperspektive

Im Gegensatz zu der auktorialen Perspektive weiß der Erzähler in diesem Fall nicht alles. Vielmehr wird das Geschehen in diesem Fall aus der Sicht eines einzelnen oder mehrerer Charaktere beschrieben, während zeitgleich das Geschehen kommentiert wird. Der Erzähler taucht also in eine Charakterrolle ein und schildert die Handlung und die damit verbundenen Eindrücke. Es werden jedoch nicht nur die Namen der handelnden Charaktere gebraucht, sondern auch die Personalpronomen *er* und *sie*. Auf die grammatikalische Ich-Form wird bei dieser Erzählperspektive jedoch verzichtet.

Der personale Erzähler kann jedoch nur wissen, was auch der entsprechende Charakter, aus dessen Sichtweise erzählt wird, weiß. Weitere Informationen oder Hintergründe zu den anderen Charakteren bleiben dem Leser/Zuhörer verborgen. Zumindest so lange, bis der Charakter die Informationen innerhalb der Handlung erhält. Rückblenden oder Vorwegnahmen sind innerhalb dieser Erzählperspektive also nicht möglich. Auch kann der personale Erzähler die Geschichte nicht werten

[3] Vgl. Thomas Mann, Der Zauberberg, S. Fischer 1924, S.9

oder kommentieren. Anders als bei der auktorialen Erzählperspektive kann das Publikum also nicht durch den Erzähler gesteuert werden. Vielmehr nehmen Leser/Zuhörer die Geschichte aus der Perspektive eines oder mehrerer Charaktere wahr - auch Innenperspektive genannt.

Vorteile der personalen Erzählperspektive

- die einzelnen Charaktere können sehr detailliert dargestellt werden
- beschränkte Sichtweise begünstigt die Spannung

Nachteile der personalen Erzählperspektive

- Erlebnis des Publikums ist beschränkt auf die Wahrnehmung des jeweiligen Charakters
- kann für das Publikum schnell langweilig werden

Beispiel der personalen Erzählperspektive - **Franz Kafka: Der Prozess (1925)**

„Jemand mußte Josef K. verleumdet haben, denn ohne daß er etwas Böses getan hätte, wurde er eines Morgens verhaftet. Die Köchin der Frau Grubach, seiner Zimmervermieterin, die ihm jeden Tag gegen acht Uhr früh das Frühstück brachte, kam diesmal nicht. Das war noch niemals geschehen. K. wartete noch ein Weilchen, sah von seinem Kopfkissen aus die alte

Frau, die ihm gegenüber wohnte und die ihn mit einer an ihr ganz ungewöhnlichen Neugierde beobachtete, dann aber, gleichzeitig befremdet und hungrig, läutete er. Sofort klopfte es und ein Mann, den er in dieser Wohnung noch niemals gesehen hatte, trat ein. Er war schlank und doch fest gebaut, er trug ein anliegendes schwarzes Kleid, das, ähnlich den Reiseanzügen, mit verschiedenen Falten, Taschen, Schnallen, Knöpfen und einem Gürtel versehen war und infolgedessen, ohne daß man sich darüber klar wurde, wozu es dienen sollte, besonders praktisch erschien."[4]

Die neutrale Erzählperspektive

In diesem Fall wird die Geschichte nicht aus der Perspektive des Protagonisten oder eines anderen Charakters beschrieben. Der Erzähler kommentiert das Geschehen auch nicht. Vielmehr wird innerhalb dieser Erzählperspektive nur beschrieben, was äußerlich wahrnehmbar ist. Der Erzähler ist demnach auch nicht in der Welt der Handlung eingetaucht, kommentiert das Erzählte auch nicht und nimmt auch keine Perspektive ein. Innerhalb dieser Perspektive wird lediglich beschrieben, wie die Charaktere agieren und handeln. Der Erzähler gibt dem Publikum also lediglich einen Blick auf das Geschehen oder berichtet darüber, wie die Charaktere handeln.

---

[4] Vgl. Franz Kafka, Der Prozess, Verlag Die Schmiede 1925, S.1

Eine solche Erzählperspektive lässt sich unter anderem in szenischen Darstellungen oder dramatischen Texten finden, die zudem viel mit Dialogen oder Monologen arbeiten.

Vorteile der neutralen Erzählperspektive

- Möglichkeit einer sachlichen und berichtenden Darstellung
- Publikum kann selbst bewerten

Nachteile der neutralen Erzählperspektive

- schwierige Identifikation, da nur wenig Empathie
- wirkt schnell langweilig

Beispiel der neutralen Erzählperspektive – **Theodor Fontane: Effie Briest (1894)**

„»Man soll sein Schicksal nicht versuchen; Hochmut kommt vor dem Fall.«

»Immer Gouvernante; du bist doch die geborene alte Jungfer.«

»Und hoffe mich doch noch zu verheiraten. Und vielleicht eher als du.«

»Meinetwegen. Denkst du, dass ich darauf warte? Das fehlte noch. Übrigens, ich kriege schon einen und vielleicht bald. Da ist mir nicht bange. Neulich erst hat mir der kleine

Ventivegni von drüben gesagt: ‚Fräulein Effi, was gilt die Wette, wir sind hier noch in diesem Jahre zu Polterabend und Hochzeit.'«

»Und was sagtest du da?«

»'Wohl möglich', sagte ich, ‚wohl möglich; Hulda ist die Älteste und kann sich jeden Tag verheiraten.' Aber er wollte davon nichts wissen und sagte: ‚Nein, bei einer anderen jungen Dame, die geradeso brünett ist, wie Fräulein Hulda blond ist.' Und dabei sah er mich ganz ernsthaft an… Aber ich komme vom Hundertsten aufs Tausendste und vergesse die Geschichte.«

»Ja, du brichst immer wieder ab; am Ende willst du nicht.«

»Oh, ich will schon, aber freilich, ich breche immer wieder ab, weil es alles ein bisschen sonderbar ist, ja beinah romantisch.«

»Aber du sagtest doch, er sei Landrat.«

»Allerdings, Landrat. Und er heißt Geert von Innstetten, Baron von Innstetten.«

Alle drei lachten.

»Warum lacht ihr?« sagte Effi pikiert. »Was soll das heißen?«

»Ach, Effi, wir wollen dich ja nicht beleidigen und auch den Baron nicht. Innstetten, sagtest du? Und Geert? So heißt doch hier kein Mensch. Freilich, die adeligen Namen haben oft so was Komisches.«

»Ja, meine Liebe, das haben sie. Dafür sind es eben Adelige. Die dürfen sich das gönnen, und je weiter zurück, ich meine *der Zeit nach, desto mehr dürfen sie sich's gönnen. Aber davon versteht ihr nichts, was ihr mir nicht übel nehmen dürft. Wir bleiben doch gute Freunde. Geert von Innstetten also und Baron. Er ist geradeso alt wie Mama, auf den Tag.«*

»Und wie alt ist denn eigentlich deine Mama?«

»Achtunddreißig.«

»Ein schönes Alter.«"[5]

Die Ich-Erzählperspektive

Der Ich-Erzähler besitzt eine besondere Stellung. Es wird demnach aus der Ich-Form das Geschehen berichtet. Der Ich-Erzähler hat also eine Sicht auf die Dinge der Geschichte, die mit der ersten Person Singular (ich) formuliert wird. Demnach kann der Erzähler innerhalb dieser Perspektive auch nur das berichten, was er weiß, sieht, erlebt und denkt. Der Ich-Erzähler kann also auch nicht die handelnden Charaktere kommentieren oder bewerten. Das Publikum nimmt das Geschehen der Story somit durch die Augen des Ich-Erzählers wahr.

Innerhalb dieser Perspektive kann der Ich-Erzähler jedoch auch die personale und auktoriale Perspektive einnehmen. Dabei wird zwischen dem erlebenden und dem erzählenden Ich unterschieden. So kann das erzählende Ich eine Geschichte auch rückwirkend erzählen

---

[5] Vgl. Theodor Fontane, Effie Briest, Deutsche Rundschau 1894, S.10-11

und somit einen allwissenden Bezug haben. Innerhalb des personalen Ichs erlebt der Erzähler die Geschichte selbst und kann auch nur wissen, was im Moment passiert und erlebt wird. Charakteristisch für diese Erzählperspektive ist demnach, dass ein Ich die Story erzählt. Wird diese allerdings im Nachhinein erzählt, lassen sich auch auktoriale Züge finden. In diesem Fall weiß das Ich mehr als das Publikum. Bei Erzählungen, die jedoch unmittelbar erlebt werden, kann das Ich keinen Wissensvorsprung haben.

Vorteile der Ich-Erzählperspektive

- Möglichkeit, viel Empathie zu erzeugen
- Publikum kann sich mit dem Ich identifizieren
- großer Spannungsbogen möglich

Nachteile der Ich-Erzählperspektive

- nur wenige Informationen für das Publikum
- Wechsel der Perspektiven kann zu Unglaubwürdigkeit führen

Beispiel der Ich-Erzählperspektive – **Beardbrand**
Vor allem im Storytelling wird diese Erzählperspektive sehr häufig verwendet – unter anderem zur Vorstellung des Unternehmens.

Ein sehr gutes Beispiel ist die Geschichte des Unternehmens **Beardbrand.** Auf der Internetpräsenz schildert der Gründer Eric Bandholz seine Geschichte, die nicht mit einer typischen Unternehmensgeschichte zu vergleichen ist.

„Im Februar 2012 reiste ich zu den West Coast Beard & Moustache Championships nach Portland, OR. Ich war ungefähr 8 Monate dort und nahm an meinem ersten Bartwettbewerb teil. Bei dieser Veranstaltung erlebte ich zum ersten Mal den bärtigen Lebensstil in vollen Zügen und um es kurz zu sagen; Ich habe mich verliebt.

Kurz nach diesem Event habe ich Beardbrand ins Leben gerufen, um Bartträger zu vereinen und eine Community aufzubauen. Wir begannen mit einem Blog, einem YouTube-Kanal und einem Tumblr-Blog. Auf diesen Plattformen teilte ich mein Wissen über das Wachsen eines Bartes und lieferte Stilinspirationen für andere. Letztendlich bestand das Ziel darin, Männern die nötigen Werkzeuge zur Verfügung zu stellen, damit sie sich beim Wachsen ihres Bartes sicher fühlen können, und ich wollte auch den negativen Stereotypen von faulen oder ungepflegten Bartträgern ein Ende bereiten.

Wir haben mehrere Monate lang weiter gebloggt, Videos gemacht und gepostet. Es war von Erfolg gekrönt, meine Erfahrungen der letzten Monate zu teilen und mich mit anderen Menschen zu verbinden, die mit den gleichen Herausforderungen wie ich zu kämpfen hatten. Ich hoffte, dass meine

Worte diesen wachsenden Bärten halfen, die Werkzeuge zu bekommen, die sie brauchten, um im Büro, zu Hause und in der Nähe ihrer Freunde Gesichtsbehaarung zu tragen. Beardbrand war zu diesem Zeitpunkt noch sehr klein, aber ich hatte immer eine größere Vision davon, was daraus werden könnte. Viele Leute würden das Potenzial des Unternehmens anzweifeln und es eine Nische ohne Raum für Wachstum nennen. Sie würden fragen: "Was passiert, wenn dieser Bart-Trend endet?" Die einfache Antwort auf diese Frage lautet: "Der Rasiertrend geht jetzt zu Ende und Beardbrand wird die Führung übernehmen."[6]

[6] Quelle: Homepage: www.beardbrand.com

Auf der Suche nach dem eigenen Schreibstil

Bei all den Informationen, die du bisher schon lesen konntest, sollten wir aber natürlich auch den Schreibstil nicht vergessen. Jeder Autor oder Storyteller besitzt eine ganz eigene Art und seinen persönlichen Stil, wie die Storys verfasst werden.

Mithilfe des richtigen Schreibstils lassen sich die unterschiedlichsten Geschichten lebendig und anschaulich schreiben. Aber auch in diesem Fall solltest du dich nicht unter Druck setzen. Oftmals benötigt ein guter Schreibstil eine gewisse Zeit, um sich herauszukristallisieren. In Bezug auf deinen Schreibstil solltest du zunächst einmal die gewünschte Erzählperspektive festlegen. Wer soll deine Geschichte also erzählen? Mithilfe dieser Entscheidung kannst du während des Verfassens schon einmal prüfen, ob Sprachstil und Ausdrucksweise auch stimmig sind. Dein persönlicher Schreibstil sorgt schlussendlich dafür, dass das Publikum dich anhand deiner Storys wiedererkennt. Deshalb solltest du auch deine Persönlichkeit und Werte in deinen Stil miteinfließen lassen. Aber wie kommst du nun zu deinem eigenen Schreibstil? Die schlechte Nachricht: Es gibt leider kein Rezept dafür. Du musst dich eigenständig und allein auf die Suche nach deinem eigenen Schreibstil begeben. Helfen kann dir bei diesem Vorhaben leider niemand. Es gibt jedoch einige Tipps, mit denen du vielleicht etwas leichter oder zumindest weniger holperig deinen persönlichen Stil beim Verfassen von Storys finden kannst.

Finde deinen Schreibstil

Grundsätzlich gilt erst einmal: Der eigene Schreibstil lässt sich nicht über Nacht finden - wobei finden vielleicht auch das falsche Wort ist. Ein Schreibstil kann nicht gefunden werden, sondern entwickelt sich. Und genau das bedarf Zeit und Geduld. Diese Tatsache sollte dich allerdings nicht entmutigen, sondern vielmehr dazu anspornen, regelmäßig zu schreiben. Nur auf diese Weise lernst du und kannst deinen eigenen Schreibstil entwickeln. Dennoch gibt es einiges, das du tun kannst, damit diese Entwicklung stetig vorangeht.

Zeige dich!

Um den eigenen Schreibstil zu entwickeln, musst du deine Komfortzone verlassen. Und das wiederum macht dich auch angreifbar für andere. Mit deinem Schreibstil zeigst du, wer du wirklich bist. Wenn du also deine Story geschrieben hast und dir wirklich sicher bist, dass diese genauso andere Menschen zu etwas bewegen kann, habe keine Scheu davor, sie deinem Publikum zu präsentieren. Du wirst sicherlich nicht alle mit deiner

Geschichte begeistern oder mitreißen können – das ist aber auch egal, denn es wird immer Menschen geben, die etwas zu meckern haben. Diese Meinungen solltest du jedoch ignorieren. Der größere Teil deines Publikums wird dich für deine Ehrlichkeit schätzen. Wichtig ist vor allem, dass du deine Komfortzone verlässt. Nur dann kannst du andere begeistern und berühren. Die Komfortzone zu verlassen, kostet Mut. Und genau diesen solltest du aufbringen. Die Menschheit benötigt ehrliche Personen mit Integrität und solche, die zu ihren Werten stehen.

Deine Werte sind wichtig

Wir alle tragen gewisse Werte in uns, die einen Teil unserer Persönlichkeit ausmachen. Und genau auf diese Werte solltest du stets Rücksicht nehmen. Das gilt auch beim Schreiben. Weiche nicht von deinen Werten ab, um anderen zu gefallen oder mit dem Hintergedanken, dass dein Publikum deine Story dann lieben wird.

Sofern du deine Werte nicht kennst, kann sich auch dein Schreibstil nicht entwickeln. Denn so weißt du nicht einmal, welche Vision du mit deiner Story überhaupt verfolgen willst.

Selbstzensur: Übertreib es nicht

Ein wenig Kritik am eigenen Schreibstil ist okay - schließlich kann man nur besser werden. Allerdings solltest du es mit der Selbstzensur nicht übertreiben. Du musst nicht jeden geschriebenen Satz gleich wieder zerpflücken und dir selbst einreden, dass du wieder nur Mist aufs Papier gebracht hast.

Die Stimme deines inneren Kritikers solltest du von Zeit zu Zeit einfach mal verstummen lassen. Lass deine Kreativität sich hingegen austoben. Gerade zu Beginn muss noch nicht alles perfekt sein. Du solltest aber auch daran denken, dass es einen Grund haben kann, warum du gerade diese Gedanken aufgeschrieben hast. Am Anfang kann es sich lohnen, einfach drauflos zu schreiben, ohne Zensur und ohne Filter. Und erst nach einer gewissen Zeit widmest du dich dann der Überarbeitung. Es ist wichtig, nach dem Schreiben ein wenig Abstand zu gewinnen. Auf diese Weise relativieren sich viele Dinge und innerhalb der Überarbeitung bekommst du dann eine ganz neue Perspektive auf das Geschriebene. Und manchmal entstehen gerade in der Zeit zwischen Entwurf und Überarbeitung ganz neue Ideen.

Die Selbstzensur während des Schreibens wird dich nur daran hindern, eine ehrliche und emotionale Story zu verfassen.

Versetze dich in die richtige Stimmung

Gerade im Storytelling spielen Emotionen ja nun einmal eine wichtige Rolle. Entsprechend sollte deine Story auch nicht in einem emotionslosen Zustand geschrieben werden. Je nachdem, welche Emotionen innerhalb deiner Geschichte vorkommen, solltest du diese auch beim Schreiben selbst fühlen. Du solltest dich also gerade in diesem Zustand der Emotion befinden. So werden die Worte nur aus dir heraussprudeln und dein Publikum wird sich leichter damit identifizieren können.

Um sich in den gewünschten Emotionszustand zu versetzen, kann es hilfreich sein, sich die Situation, die du aufschreiben möchtest, gedanklich detailliert vorzustellen. Tauche in das Geschehen vor deinem geistigen Auge ein und dann stelle dir vor, du bist genau jetzt in diesem Moment der Protagonist deiner Geschichte. Was passiert in deinem Körper und mit deinen Gefühlen?

Hole dir Inspirationen

Um den eigenen Schreibstil zu entwickeln, ist es sehr hilfreich, sich Inspirationen von anderen Autoren oder Storytellern zu holen. Schau dir deren Texte an und versuche, herauszufinden, was dir daran so gut gefällt. Du sollst natürlich nichts kopieren, aber Inspirationen darf man sich immer holen. Wir Menschen lernen, indem wir andere nachahmen.

Wenn du Texte von anderen Autoren oder Storytellern liest, frage dich bezüglich des Schreibstils:

- Warum genau mag ich diese Texte?
- Wie integrieren sie Begeisterung und Emotionen?
- Welche Wörter nutzen sie?
- Wie ehrlich sind sie?
- Welche Art der Kommunikation nutzen sie?

Show don´t tell

Um mitreißende Geschichten zu schreiben, setzen viele Autoren und Storyteller auf die Technik „Show don´t tell". Mithilfe dieser Technik werden Gefühle, Dinge und Geschehnisse konkret in Worten gezeigt. Auf diese Weise bekommt das Publikum den Eindruck, als würde sich alles direkt vor den Augen abspielen. Es stehen in diesem Fall also die Handlung und die Dialoge im Vordergrund. „Show don´t tell" ist demnach die plastische Darstellung und Beschreibung von Details.

Mithilfe dieser Technik kannst du also das Kopfkino deines Publikums anregen. Deine Aufgabe ist es schlichtweg, Bilder mit Worten zu malen. Klingt schwierig? Ist es aber eigentlich nicht. Die große Kunst beim „Show don´t tell" liegt einfach darin, dass du Gefühle, Handlung, Abläufe und Geschehnisse ganz konkret mit

Worten zeigst. Beim Verfassen deiner Story solltest du alles, was du schreibst, vor dem geistigen Auge haben. Wenn dies der Fall ist, wird es deinem Publikum ebenso ergehen. Die Technik hat den großen Vorteil, dass deine Story so für den Leser/Zuhörer spürbar wird. Die Vorstellungskraft deines Publikums wird angeregt und es wird aktiv in die Handlung hineingeholt. So wird das Lesen bzw. Zuhören zu einem Miterleben. Doch wie genau sieht „Show don´t tell" nun aus? Dazu ein kleines Beispiel:

Tell: *Vor hunderten von Menschen sollte ich nun meine Geschichte erzählen. Ich war aufgeregt und begann, zu schwitzen. Als ich auf der Bühne stand, sahen mich alle Zuschauer an.*

Show: *Da stand ich also nun – Unsicherheit gepaart mit Nervosität durchfluteten meinen Körper. Gefolgt von der Aufregung, die sich in mir ausbreitete, während aus jeder Pore meines Körpers Schweiß zu rinnen begann. Meine Hände waren feucht und das Herz schlug mir bis zum Hals. Ich betrat die Bühne und blickte in die Augen hunderter Menschen, die wie gebannt darauf warteten, meine Geschichte zu hören.*

Du kannst ganz deutlich den Unterschied zwischen der ersten Variante und der „Show don´t tell"-Technik erkennen. Je ausführlicher und detailreicher du Handlungen, Gefühle oder Geschehnisse beschreibst, umso besser kann sich das Publikum mit allem identifizieren.

Stolpersteine beim Schreiben

Innerhalb des Schreibens wirst du vielleicht einigen sprachlichen Phänomenen begegnen, auf die du besonders achten solltest. Auf diese Weise kannst du auch stilistischen Stolpersteinen gekonnt aus dem Weg gehen.

Stichwort: Adjektive

Adjektive bieten jedem Autor die Möglichkeit einer vielschichtigen Ausdrucksweise. Aber Vorsicht: Zu viele Adjektive können auch verhindern, dass das Publikum selbst in die Geschichte eintaucht. Um dies zu vermeiden, kannst du wieder auf die „Show don´t tell"- Technik zurückgreifen. Denn anstatt zu beschreiben, wie eine Figur ist, kannst du dies auch über das Handeln oder Denken der Figur zum Ausdruck bringen.

Stichwort: Verben

Vor allem starke Verben unterstützen den Leser bzw. Zuhörer dabei, sich auf die Handlung zu konzentrieren. Innerhalb der Handlung kannst du auch ausgefallene Verben verwenden. Auf diese Weise wird das Geschehen abwechslungsreich beschrieben.

Stichwort: Direkte Rede

Wenn möglich, verwende direkte Reden innerhalb deiner Story. Auf diese Weise wird die Geschichte lebendig. Allerdings sollten die entsprechenden Passagen nicht zu lang sein. Vielmehr sollte die direkte Rede immer dosiert und vor allem gezielt eingesetzt werden. Versuche, innerhalb der jeweiligen Dialoge insbesondere Konflikte zu integrieren, und vermeide unnötiges Geschwafel. Achte beim Verfassen der direkten Rede darauf, dass die Art und Weise, wie die einzelnen Charaktere sprechen, auch zu ihnen passt. Demnach benötigt also auch jeder Charakter eine eigene Sprache.

Stichwort: Sprachliche Bilder

Sprachliche Bilder sind nicht mit der „Show don´t tell"-Technik zu verwechseln. Vielmehr handelt es sich hierbei um Metaphern, Symbole oder Vergleiche. Auf diese Weise kannst du der Story eine tiefere Dimension verleihen.

Wort-Highlights im Storytelling

Es gibt einige Wörter, die in einem guten Storytelling auf keinen Fall fehlen dürfen. Welche das sind, erfährst du jetzt!

„zuerst" und „aber"

Diese beiden Wörter sind wichtig, damit die Handlung deiner Geschichte optimal dargestellt werden kann. So strukturierst du den Handlungsverlauf deiner Story. Zeitgleich nimmst du auf diese Weise dein Publikum an die Hand und führst es durch das Geschehen.

„plötzlich"

„Plötzlich" ist mit eines der wichtigsten Signalwörter innerhalb des Storytellings, denn mit diesem wird dem Publikum signalisiert, dass etwas passiert. Dir ist somit also die Aufmerksamkeit der Leser bzw. Zuhörer sicher. Der Einsatz dieses Wortes stellt einen Kontrast her. Alles ist wie immer und **plötzlich** verändert sich etwas und nichts ist mehr so, wie es mal war. Das Signalwort sollte allerdings sparsam verwendet werden. Nutze es vor allem, um an einer bestimmten spannenden Stelle deiner Geschichte das Tempo zu verstärken. Deinem Publikum signalisierst du, dass nun die Handlung verdichtet wird oder dass es Probleme bzw. Konflikte geben wird.

„aber“

Das kleine Wort „aber“ ist ebenfalls ein wichtiges Wort innerhalb des Storytellings, mit dem Spannung, Gegensatz, Veränderung, Umsturz und sogar Widerspruch erzeugt werden kann. Du kannst das Wort einsetzen, um beispielsweise unerwartete Charaktereigenschaften und Handlungen zu beschreiben.

Der Feinschliff deiner Geschichte

Nach dem Verfassen wartet nun noch die mehrfach angesprochene Überarbeitung deiner Geschichte auf dich. Nimm dir für die Überarbeitung deiner Story ausreichend Zeit und lasse vor allem zwischen dem Schreiben und dem Feinschliff einige Zeit vergehen - das können Stunden, aber auch Tage sein. So gewinnst du ein wenig Abstand, während deine Geschichte dennoch in deinem Unterbewusstsein lebt. Auf diese Weise können neue Ideen reifen und manchmal kristallisiert sich auch der eine oder andere neue Handlungsstrang heraus. Und manchmal sind auch tatsächlich mehrere Durchgänge bei einer Überarbeitung nötig. Folgende Punkte gilt es, bei der Überarbeitung zu fokussieren:

Der Plot bzw. Handlungsverlauf

Im ersten Schritt der Überarbeitung solltest du also darauf achten, ob die Handlung auch wirklich funktioniert. Ist alles schlüssig? Und passt die Handlung auch zu den einzelnen Charakteren und deren Eigenschaften? Überprüfe zudem, ob der benötigte Spannungsbogen innerhalb der Story enthalten ist. Vor allem langatmige Passagen oder unplausible Wendungen sind dann noch einmal zu überarbeiten. Auch bei Stellen, die innerhalb der Story nicht funktionieren, solltest du noch einmal nacharbeiten.

Der Stil

In Bezug auf die stilistische Überarbeitung gilt es, nicht nur den Fokus auf alle Aspekte der Sprache zu legen. Viel wichtiger ist es, zu prüfen, ob der gewählte Stil auch zu deiner Story passt. Ist die Stimmung zu spüren, die du auch erzeugen wolltest? Werden die sprachlichen Bilder auch so wahrgenommen, wie du es dir vorgestellt hast? Innerhalb des Stils kannst du prüfen, ob deine Story von einer lebendigen Schreibweise lebt.

Die Normsprachlichkeit

Zu guter Letzt kümmerst du dich am Ende deiner Überarbeitung um alle möglichen Rechtschreib-, Zeichensetzungs- und Grammatikfehler. Auch in diesem Fall kann es sich lohnen, die Story von einer vertrauten Person durchlesen zu lassen. Als Autor verliert man leicht den Blick für Fehler. So werden die naheliegendsten Schreib- oder Grammatikfehler einfach übersehen.

Das Verfassen deiner Story ist mitunter der schwierigste und zeitaufwendigste Schritt im gesamten Storytelling. Eine gute Geschichte lässt sich nicht innerhalb von wenigen Minuten aus dem Ärmel schütteln – es sei denn, du bist ein erfahrener Storyteller á la Alexander Christiani. Diese schaffen es innerhalb von kurzer Zeit, eine prägnante, emotionale und beeindruckende Story für jedermann zu kreieren.

Wichtig ist vor allem, dass du dir beim Verfassen deiner Geschichte ausreichend Zeit lässt und dich vom kreativen Prozess treiben lässt. Den Feinschliff mit all den dazu notwendigen Schritten kannst du deiner Story immer noch verpassen. Aber auch hier gilt: Lass dir Zeit. Es bringt niemandem etwas, wenn du innerhalb von kurzer Zeit deinen Plot mit den passenden Wörtern ausschmückst und dies dann als deine Story verkaufen möchtest. In den seltensten Fällen werden solche Geschichten die wichtigsten Attribute eines guten Storytellings aufweisen. Betrachte das Verfassen deiner Story als einen wertvollen Prozess, in dem du dich noch einmal ganz intensiv mit der Handlung und der damit verbundenen Botschaft auseinandersetzt. So kannst auch du dich viel besser mit dem Geschehen identifizieren. Und genau diese Identifikation brauchst du schlussendlich auch für den letzten Schritt.

Kapitel 5

Die perfekte Story vortragen und die Zuschauer verzaubern

Die Story ist im Kasten und jetzt geht es darum, sie deinem Publikum zu präsentieren. Wenn wir einmal an Steve Jobs und seine Vorträge zu den neusten iPhones zurückdenken, werden wir uns sicherlich schnell einig sein, dass es dieser Mann geschafft hat, aus einer sonst so langweiligen Produktvorstellung ein regelrechtes Event zu kreieren. Steve Jobs besaß eine bemerkenswerte und vor allem charismatische Art, das neuste Smartphone auf eine Weise zu präsentieren, dass jeder eigentlich dachte: *„Genau dieses Smartphone muss ich jetzt haben!"*

Die beste Story wird dir nicht den gewünschten Erfolg verschaffen, wenn du diese nicht richtig präsentierst. Um die Aufmerksamkeit deines Publikums zu bekommen, kannst du deine Geschichte also nicht einfach nur herunterrattern – du musst sie leben. Wenn du dies schaffst, werden deine Zuhörer auch neugierig werden und sich emotional angesprochen fühlen. Wie soll dein Publikum etwas bei deinen Worten empfinden, wenn du auf der Bühne stehst und mit einem trostlosen Gesichtsausdruck und ohne jede Begeisterung etwas erzählst? Alles, was du erzählst, muss vor dem inneren Auge der Zuschauer visualisiert werden. Nur dann werden möglicherweise Erinnerungen geweckt und bleibende Eindrücke können entstehen. Und das wiederum schafft beim Zuhörer einen persönlichen Bezug zu dem, was du sagst. Und genau dieser Bezug ist das A und O bei guten Geschichten. Hat dein Publikum einen persönlichen Bezug zu deiner Story, werden sie auch deiner Botschaft folgen, da sich diese in den Köpfen verankert hat. Doch wie genau ziehst du die Zuhörer nun in deinen Bann?

Beim Vortragen bzw. Präsentieren deiner Story solltest du dich vor allem wohlfühlen. Bereite dich auf diesen besonderen Moment, in dem du dein Publikum an deiner Geschichte teilhaben lässt, besonders gut vor. Das beinhaltet natürlich vor allem, dass du deine Story gut kennst. Das sollte an sich auch kein Problem sein, denn schließlich hast du sie auch geschrieben. Als kleine Hilfestellung kannst du dir kleine Kärtchen mit wichtigen Stichpunkten anfertigen. Allerdings solltest du auf diese wirklich nur im Notfall zurückgreifen und weitestgehend frei sprechen. Versuche, möglichst viel Augenkontakt mit deinen Zuhörern aufzubauen, um eine emotionale Basis zu schaffen. Das sind zumindest schon einmal ein paar grundlegende Tipps, die dir das Vortragen deiner Story erleichtern können. Doch wie beginnt man nun eigentlich einen solchen Vortrag im Storytelling?

Am Anfang war das Wort

Stellen wir uns einmal folgende Situation vor: Du möchtest mithilfe des Storytellings ein bestimmtes Thema oder Produkt präsentieren. Nach der obligatorischen Begrüßung deines Publikums läutest du das Thema deiner Präsentation ein. Gerade der Anfang einer Präsentation kann ein wenig holprig sein, da du von Beginn an die Aufmerksamkeit deiner Zuhörer gewinnen musst. Deshalb solltest du auf Floskeln wie, *„Herzlich willkommen meine Damen und Herren"*, oder, *„Ich begrüße Sie zu meiner heutigen Präsentation zum Thema XY"*, lieber verzichten. Das möchte wirklich niemand mehr hören.

Es gibt einfache, aber dennoch sehr wirkungsvolle Alternativen, mit denen du die Begrüßung sowie das Thema deiner Präsentation zusammenfassen und gleichzeitig die Aufmerksamkeit deines Publikums gewinnen kannst.

Entsprechend deines Themas und der damit verbundenen Story kannst du aus den folgenden Varianten genau die richtige für dich finden:

Du nutzt ein Zitat

Mithilfe eines Zitates lässt sich auf einfache und elegante Weise ein Vortrag oder auch eine Präsentation beginnen, denn es hat zugleich etwas Magisches wie auch Weises an sich. In puncto Aufmerksamkeit solltest du vor allem Zitate wählen, die von einer berühmten oder autoritären Persönlichkeit stammen.

Du stellst eine Frage

Bei einem Vortrag oder einer Präsentation erwarten die meisten Zuhörer, dass sie mit zahlreichen Informationen und Fakten bombardiert werden. Nur die wenigsten im Publikum werden dementsprechend auch erwarten, dass du deinen Vortrag mit einer Frage beginnst. Fragen haben den klaren Vorteil, dass die Zuhörer bei der Sache bleiben, denn sie werden erst einmal darüber nachdenken, was du eigentlich von ihnen wissen willst. Dabei müssen es keine komplizierten Fragen sein. Du kannst auch mit den Worten *„Kennen Sie das?"* o. Ä. beginnen. Alternativ ist es natürlich auch möglich, rhetorische oder suggestive Fragen zu nutzen. Durch die Art dieses Einstiegs werden die Gedanken deiner Zuhörer aber direkt eingefangen - und genau dies willst du erreichen.

Du stellst eine These auf

Durch eine These beginnst du deinen Vortrag immer mit einem starken Signal. Innerhalb des Statements hast du deine Erkenntnisse zusammengefasst und teilst diese gleich zu Beginn deinem Publikum mit. Deshalb ist auch eine These eine hervorragende Möglichkeit, deine Präsentation zu beginnen und dein Publikum auf deine Story vorzubereiten.

Du stellst einen Alltagsbezug her

Vor allem bei Themen, die viele Menschen interessieren, kannst du hervorragend mit einem Bezug zum Alltag beginnen. Wichtig ist jedoch, dass dieser Bezug dann auch zu deinem restlichen Vortrag und vor allem zu deiner Story passt.

Die Überleitung zur Story

Nach dem gelungenen Einstieg musst du nun noch die Überleitung zu deiner Geschichte schaffen. Aber auch dies ist eigentlich ganz einfach. Nutze beispielsweise die Worte *„Und dazu nun eine kleine Geschichte"*. Nun ist der Weg geebnet und du kannst dem Publikum deine Geschichte erzählen. Solltest du nach dieser noch einmal zurück zum Thema wollen oder müssen, frage beispielsweise *„Und warum erzähle ich Ihnen das eigentlich?"*. Der Bezug zum eigentlichen Thema bleibt erhalten und deine Zuhörer sind immer noch voller Aufmerksamkeit.

Am Ende des Vortrages bzw. der Präsentation bedankst du dich bei deinem Publikum für die Aufmerksamkeit. That´s it!

Die richtige Sprache

Vor allem für deine Story ist die Sprache von entscheidender Bedeutung, denn sie kann nur eine entsprechende Wirkung haben, wenn du deine Geschichte auch gut vorträgst. Achte deshalb darauf, dass du langsam und vor allem verständlich sprichst. Niemand hört einem Storyteller gerne zu, wenn dieser nuschelt oder nur die Hälfte verstanden wird.

Weiterhin solltest du auch dramaturgische Pausen bei Spannungsmomenten einbauen. Du darfst deine Story also nicht einfach nur so herunter erzählen. Während des Sprechens solltest du sie leben und fühlen. Deshalb achte an bestimmten Stellen auf die Betonung einzelner Wörter. Versuche, dir für deinen Vortrag ein natürliches Sprechtempo anzugewöhnen – ähnlich wie bei einer Unterhaltung mit einer anderen Person. Und jetzt noch ein kleines Highlight aus dem Repertoire erfahrener Storyteller: Durch den Wechsel von Lautstärke und Geschwindigkeit beim Sprechen kannst du deiner Story mehr Lebendigkeit verleihen.

Verwende Requisiten für deine Story

Mithilfe der passenden Requisiten wird deine Story beim Publikum in Erinnerung bleiben. Du erzählst in deiner Geschichte von Stolpersteinen, die dir auf deinem beruflichen Werdegang im Weg lagen? Dann präsentiere einen solchen Stolperstein deinem Publikum. Deine Zuhörer werden nicht nur überrascht sein, sondern auch das eine oder andere Schmunzeln wird dir gewiss sein. Aber auch ungewöhnliche Mitbringsel oder andere Gegenstände, die zu deinem Thema und der Story passen, darfst du deinem Publikum sehr gerne präsentieren. Hier gilt übrigens – je ausgefallener, umso länger bleibt der Vortrag bei den Zuhörern in Erinnerung.

Vielleicht ist das Vortragen deiner Story mit der größten Herausforderung für dich verbunden. Viele Menschen haben Lampenfieber und mögen es nicht, vor anderen zu sprechen. Aber auch diese Hürde kannst du schaffen. Wichtig ist vor allem, dass du dich beim Vortragen bzw. Präsentieren deiner Story vollkommen sicher fühlst.

Deshalb ist es ratsam, vor Freunden, Bekannten oder der Familie den Vortrag mehrmals zu üben. Auf diese Weise bekommst du noch den einen oder anderen Hinweis, an welchen Stellen du vielleicht ein wenig mehr Betonung, Euphorie oder Hingabe einbauen könntest. Bedenke jedoch immer, dass noch kein Storyteller vom Himmel gefallen ist. Alle haben mal klein angefangen und sich dann Stück für Stück nach oben gearbeitet.

Fazit

Durch den Einsatz des Storytellings kannst du die Aufmerksamkeit deines Publikums gewinnen. Und dabei spielt es auch keine Rolle, für welche Bereiche deines Lebens du diese Technik verwenden möchtest. Erzähle deine Geschichten, um beispielsweise deine Karriere zu verbessern, bei deinem Chef zu punkten, deine eigene Marke oder dein Unternehmen vor der Konkurrenz zu positionieren oder um deine Produkte gegenüber der Zielgruppe klarer darzustellen.

Wichtig ist nur, dass deine Story, die du erzählen willst, gut ist. Denn nur die guten Geschichten sprechen auch das Publikum an. Zuschauer, Zuhörer und Leser können das Erzählte vor dem inneren Auge visualisieren und werden im besten Fall auch an Erlebtes oder an vergangene Ereignisse erinnert. Der daraus resultierende persönliche Bezug schafft die Grundlage, dass deine Botschaft verstanden und verinnerlicht wird.

Und selbst die trockensten Fakten oder komplexere Zusammenhänge lassen sich mithilfe des Storytellings so verpacken, dass sie beim Publikum pure Begeisterung auslösen. Auf den vergangenen Seiten des Buches konntest du lesen und lernen, wo du gute Geschichten finden und wie du diese verfassen kannst. Du weißt selbst, wie du deine Story einem breiten Publikum präsentierst. Was jetzt noch fehlt, ist dein Mut, die Welt mit deinen Worten zu verändern. Worauf wartest du also noch?

Lieber Leser, liebe Leserin,

ich möchte mich herzlich für deine Unterstützung bedanken. Ich weiß es sehr zu schätzen, dass du dich für dieses Buch entschieden hast. Ich hoffe, dass dir das Lesen dieses Buches viel Freude bereitet hat.

Wenn es dir gefallen hat, würde ich mich sehr über eine Bewertung freuen. Dazu musst du nur mit deiner Handy-Kamera diesen QR-Code scannen.

Bei Fragen, Anregungen oder konstruktiver Kritik bin ich gerne unter der E-Mail-Adresse Bookemm@web.de für dich da.

Ich wünsche dir noch einmal viel Spaß dabei, dass neu erlangte Wissen anzuwenden und die Welt mit deiner eigenen Geschichte zu begeistern.

Mit besten Grüßen
Jeremy Köppen

Haftungsausschluss

Der Inhalt dieses Buches wurde mit großer Sorgfalt geprüft und erstellt. Für sämtliche Inhalte kann jedoch keine Garantie übernommen werden. Dies gilt weder für die Richtigkeit, Vollständigkeit, noch Aktualität der Inhalte. Alle enthaltenen Informationen basieren lediglich auf der eigenen Meinung und persönlichen Erfahrung des Autors.Der Inhalt darf keinesfalls als medizinische Hilfe gesehen werden. Für selbstverursachte Schäden und Fehlhandlung des Lesers wird daher keine juristische Haftung seitens des Autors übernommen. Zudem garantiert der Autor keinerlei Erfolge mit den im Buch erwähnten Informationen, da diese wie oben genannt nur auf persönlicher Erfahrung des Autors basieren und lediglich als Unterhaltung dienen sollen. Die Verantwortung für die im Buch beschriebenen Ziele liegt einzig und allein beim Leser selbst. Gleichzeitig wird keine Haftung für die im Buch angegebenen Quellen und externen Webseiten übernommen. Für all diese Inhalte ist einzig und allein der jeweilige Webseitenbetreiber verantwortlich, weshalb der Autor automatisch von einer Haftung ausgeschlossen ist.

Impressum

1. Auflage 2021

Kontakt: Sebastian Kemm / Im Krebsgrund 1 /
74889 Sinsheim
Covergestaltung: 99designs
Coverfoto: Shutterstock
ISBN: 979-8458131292

Printed in Poland
by Amazon Fulfillment
Poland Sp. z o.o., Wrocław

81575290R00074